MÜNSTERSCHWARZACHER KLEINSCHRIFTEN

herausgegeben
von Mönchen der Abtei Münsterschwarzach

Band 46

Anselm Grün OSB / Michael Reepen OSB

Gebetsgebärden

VIER-TÜRME-VERLAG MÜNSTERSCHWARZACH
1988

Anselm Grün OSB / Michael Reepen OSB

Gebetsgebärden

VIER-TÜRME-VERLAG MÜNSTERSCHWARZACH
1988

CIP-Kurztitelaufnahme der Deutschen Bibliothek
Grün, Anselm:
Gebetsgebärden / Anselm Grün ; Michael Reepen. –
Münsterschwarzach : Vier-Türme-Verlag, 1988.
 (Münsterschwarzacher Kleinschriften ; Bd. 46)
 ISBN 3-87868-373-1
NE: Reepen, Michael:; GT

Gesamtherstellung: Vier-Türme-Verlag, D-8711 Münsterschwarzach
© by Vier-Türme-Verlag, Münsterschwarzach
ISSN 0171-6360
ISBN 3-87868-373-1

INHALT

Einleitung 7

I. Die Heilkraft der Gebärde 14
   1. Der Mensch und sein Leib 14
      a) Die Psychosomatik 14
      b) Der initiatische Weg 18
   2. Die heilende Wirkung der Gebärden . 20

II. Die Gebetsgebärden im einzelnen 24
   1. Das Stehen 24
   2. Das Beten mit den Händen 27
      a) Ausbreiten und Erheben der Hände
      29
      b) Das Falten der Hände 32
      c) Verschränkte Hände 34
      d) Kreuzung der Hände über der Brust
      35
      e) Die Hände vor das Gesicht halten . 36
      f) Handauflegung 37
      g) An die Brust klopfen 39
      h) Das Kreuzzeichen 39
   3. Verbeugung – Knien – Prostratio . 42
      a) Sich verbeugen 43
      b) Knien 45
      c) Prostratio 46
   4. Sitzen 48
   5. Das Schreiten 53
   6. Andere liturgische Gebärden 54

III. Erschließung biblischer Texte
    durch Gebärden 57

Schluß 65

Einleitung

Bei unsern Jugendkursen haben wir die Erfahrung gemacht, daß wir den jungen Menschen viel eher über den Leib als über den Kopf vermitteln können, was Heil und Erlösung durch Jesus Christus bedeuten. Da verstricken wir uns nicht in heillose Diskussionen über den Glauben, da bleiben wir nicht auf der theoretischen Ebene stehen, die doch zumeist unverbindlich und unfruchtbar ist. Mit dem Leib begeben wir uns sofort auf die Ebene der Erfahrung. Und da kann man sich nicht mehr in theoretische Überlegungen flüchten. Da muß man sich stellen. Aber da kann man auch erahnen, was das Geheimnis der Erlösung ist.

Wenn wir uns auf den Leib einlassen und mit ihm üben, dann begegnen wir uns zuerst einmal selbst. Wir spüren, wie es um uns steht. Wir entdecken, wo wir verspannt und verkrampft sind, wo wir uns an uns selbst oder an Menschen oder Dingen festklammern, wo wir voller Angst sind und wo wir etwas verdrängen. Mit unserem Leib drücken wir unsere seelische Verfassung aus. Und unser Leib lügt nicht. Er ist ehrlicher als unser Verstand. Oft meinen wir, wir hätten uns längst angenommen, aber beim Stehen merken wir, daß wir doch noch nicht zu uns stehen können. Wir meinen, wir hätten einen starken Glauben an Gott, aber die Verkrampfung in unsern Schultern zeigt, daß wir uns noch an uns festhalten und uns noch lange nicht wirklich Gott überlassen haben. Wir glauben zwar mit dem Kopf, aber noch nicht mit dem Leib. Der Glaube muß vom Kopf in den Leib rutschen, dann erst erfaßt er den ganzen Menschen, dann erst können wir sagen, daß wir auch mit unserm Herzen glauben, mit der innersten Mitte unserer Person.

Die Begegnung mit uns selbst in unserem Leib hat zwei Aspekte: einmal ist der Leib ein Barometer, der mir untrüglich anzeigt, wie es um mich steht, wie es mir geht, wie ich mich fühle, wo ich etwas verdränge, wo ich Angst habe und mich festhalte. Ja er sagt mir, wer ich eigentlich bin. Doch wenn der Leib nur ein Barometer wäre, das uns selbst und jedem, der uns anschaut, unsere innere Situation offenbart, dann würde uns das Üben mit dem Leib überfordern. Es würde uns nur schonungslos aufdecken, wer wir sind. Wir würden mit Schrecken feststellen, daß wir mit unserm Leib nichts verbergen können, daß wir im Leib allen Beschauern ständig zeigen, wer wir sind, auch wenn wir das gar nicht möchten. Unser Leib redet, auch wenn unser Mund schweigt. Doch der Leib ist eben nicht nur Barometer, sondern auch ein Instrument, mit dem wir unsere innere Haltung ändern können. Graf Dürckheim nennt den Leib ein Instrument der menschlichen Selbstverwirklichung. Im Leib können wir die für unsere Selbstwerdung wesentlichen inneren Haltungen einüben. Wenn z.B. ein junger Mensch kein Selbstvertrauen hat, wenn er nicht zu sich stehen kann, dann kann er durch das bewußte Stehen Selbstvertrauen einüben. Wenn er sich hinstellt wie ein Baum, der tief im Boden verwurzelt ist, dann wachsen in ihm Festigkeit und Vertrauen. Dann erfährt er sich anders. Und oft hilft so eine Übung im Leib weiter, als wenn wir ihm nur gut zureden würden, er hätte doch keinen Grund, kein Selbstvertrauen zu haben, er solle doch mehr auf seine positiven Seiten sehen usw. Graf Dürckheim erzählte einmal von einem jungen Mann, der zu ihm in die Therapiestunde kam. Er war sehr groß gewachsen, stand schlaksig herum und konnte mit seinem Leib nichts anfangen. Anstatt nun mit ihm über seine Probleme zu sprechen und seine Träume zu analysieren, übte Graf Dürckheim in jeder Therapiestunde mit ihm nur das Stehen. Nach zwei Wochen konnte der junge Mann anders stehen. Aber er stand nicht nur anders, er war ein anderer Mensch geworden. Es war in ihm etwas gewachsen. Er konnte sich selbst annehmen, er konnte zu sich stehen. Und so hat die Übung des Stehens in ihm mehr bewirkt als ein Besprechen seiner Probleme.

Im Leib begegne ich nicht nur mir selbst, sondern auch Gott. Unser Leib ist entscheidender Ort unserer Gottesbegegnung. Und er ist ein wichtiger Partner nicht nur auf unserem Weg menschlicher Reifung, sondern auch auf unserem geistlichen Weg, auf unserem Weg zu Gott. Auch da hat der Leib die beiden Funktionen, Barometer und Instrument zu sein. Einmal zeigt er uns an, wie unsere Beziehung zu Gott ist, ob wir uns ihm wirklich übergeben haben, ob wir ihm vertrauen und uns ihm öffnen. Er offenbart uns, ob wir gegenwärtig sind oder zerstreut, ob wir offen sind für den gegenwärtigen Gott oder ob wir vor ihm und vor uns selbst davonlaufen, ob wir Gott in uns einlassen oder ob wir uns ihm gegenüber verschließen und uns an uns selbst festklammern. Und im Leib können wir zugleich wichtige Haltungen Gott gegenüber einüben und uns für die Erfahrung Gottes bereiten. In den Gebetsgebärden, wie sie in allen Völkern verbreitet sind, üben wir uns in die Haltung der Ehrfurcht und Anbetung, der Offenheit und Weite, der Sammlung und der inneren Präsenz ein. Und die Gebärden helfen uns, Gott zu erfahren. An manche Erfahrungen kommen wir nur durch bestimmte Gebärden heran. Und ohne die Gebärde sind diese Erfahrungen nicht zu haben. So kann ich zwar über die Größe Gottes auch im Bett liegend nachdenken. Aber erfahren kann ich sie nur, wenn ich niederfalle und Gott anbete.

Die Gebetsgebärden sind Ausdruck unserer Gotteserfahrung und führen uns zugleich zu ihr hin. Oft ahnen wir etwas von Gottes Nähe, von seiner Liebe und seiner erhabenen Größe. Aber wenn wir diese Ahnung nicht ausdrücken können, dann löst sie sich wieder auf. Das Gebet ist ein Ausdruck unserer Gotteserfahrung, der die Erfahrung wach hält, sie verdichtet und andauern läßt. Oft können wir aber unsere Gotteserfahrung nicht mit Worten ausdrücken, weil sie schon jenseits des Worthaften liegt. Dann ist der Leib das adäquate Ausdrucksorgan dafür. Indem wir unsere Ahnung von Gott in einer Gebärde ausdrücken, wird sie für uns erst ganzheitlich erfahrbar. Sie bleibt keine Ahnung mehr, sie dringt durch die Gebärde zugleich in unsern Verstand, in unser Herz, in unser Fühlen und in unsern Leib, in unser Bewußtsein und in unser Unbewußtes. Sie wird uns in allen Bereichen unseres Seins bewußt.

Oft machen wir die Gebetsgebärden jedoch, ohne daß wir damit unsere momentane Gottesahnung ausdrücken. Wir machen sie, weil sie gerade in der Liturgie trifft, weil alle sie machen oder weil sie zu diesem Ritus dazugehört. Aber indem wir eine uns von außen vorgegebene Gebärde machen, kann sie in uns auch eine Erfahrung auslösen. Die äußere Gebärde bewirkt eine innere Haltung und eine innere Erfahrung. Indem wir uns auf die Gebärde einlassen, kommen wir in Berührung mit den Ahnungen von Gott, die in unserem Herzen bereitliegen, oft genug aber unter der Oberfläche des Tagesbewußtseins verschüttet sind.

Das Beten mit dem Leib hilft uns vor allem in Zeiten innerer Leere, trotzdem an Gott festzuhalten, wieder für ihn offen zu werden und ein Gespür für ihn zu bekommen. Diese Erfahrung hat Roger Schutz, der Prior von Taizé machen dürfen. Er schreibt über sein Beten mit Gebärden:

Ich wüßte nicht, wie ich beten sollte ohne Einbeziehung des Leibes. Es gibt Perioden, wo ich den Eindruck habe, ich bete mehr mit dem Leib als mit dem Geist. Ein Gebet auf dem bloßen Boden: Niederknien, sich niederwerfen, den Ort betrachten, wo die Eucharistie gefeiert wird, die beruhigende Stille ausnutzen und selbst die Geräusche, die aus dem Dorf heraufdringen. Der Leib ist da, ganz gegenwärtig, um zu lauschen, zu begreifen, zu lieben. Wie lächerlich, nicht mit ihm rechnen zu wollen.

Die Gebetsgebärden lassen uns etwas von Gott erfahren, sie führen aber zugleich auch zu einer neuen Selbsterfahrung. Wir erfahren uns vor Gott in einer neuen Weise. Es ist ein heilsame Weise, uns selbst zu erleben, eine heilsame Selbsterfahrung, die uns die Gebetsgebärden ermöglichen. Wir erfahren etwas von unserer Weite und inneren Freiheit, wenn wir uns etwa mit ausgebreiteten Armen vor Gott stellen (Orantehaltung). Von uns her kämen wir gar nicht auf die Idee, uns so hinzustellen. Die Gebetsgebärde gibt uns den Mut dazu, sie bezieht uns auf Gott. Wir erfahren uns in unserem ganzen Sein auf Gott hin ausgerichtet. Und indem wir uns auf Gott hin richten, werden wir in uns selbst recht, werden wir in uns selbst heil. Es ist die Selbsterfahrung des erlösten und heilen Menschen, zu der uns die Gebetsgebärden führen möchten. Und zu dieser Selbsterfahrung kommen wir nur, wenn wir uns in den Gebärden auf Gott einlassen. Wenn wir nur um uns kreisen und Gebärden ausprobieren, die unserer momentanen Stimmung entsprechen, erreichen wir nur eine sehr reduzierte Selbsterfahrung. Wir entdecken viele Bereiche und Möglichkeiten in uns erst, wenn wir unsern Leib in der Gebärde auf Gott hin ausrichten und uns von Ihm in das rechte Maß, in die heilende Form unseres wahren Bildes führen lassen.

In unsern Kursen mit Jugendlichen üben wir die Gebetsgebärden ein, die uns die Liturgie anbietet und die in der religiösen Tradition der meisten Völker verbreitet sind. Und wir versuchen, biblische Texte durch Gebärden zu erschließen. Beim Üben der Gebetsgebärden geht es uns nicht wie in einer Ministrantenstunde um die äußerlich korrekte Gebärde. Nicht ob ich die Gebärde richtig mache, ist entscheidend, sondern ob ich durch die Gebärde richtig werde, ob ich in die rechte Verfassung und in die rechte Haltung Gott gegenüber komme. Das Üben der Gebärde ist ein Experiment mit uns selbst. Wir probieren, wie wir uns bei bestimmten Gebärden fühlen, was sie in uns bewirken, ob wir etwas damit anfangen können oder nicht, ob sich in uns Widerstand regt oder ob sie uns gemäß sind. Es geht also nicht darum, sich durch die Gebärde in eine Haltung hineinzuzwingen oder sich von außen etwas überzustülpen, sondern um ein vorurteilsloses Sicheinlassen auf etwas Vorgegebenes, um herauszufinden, was sich da in uns tut. Bei diesem Experimentieren können wir versuchen, innere Worte zu finden, die den Gebärden entsprechen, oder wir können einfach nur mit dem Leib beten, nur nachspüren, wie wir uns in der Gebärde erfahren und wie wir Gott darin erfahren.

Die Gebetsgebärden und die Gebärden, die die Bibel uns anbietet, entfalten eine heilende Wirkung. Sie bringen uns in die rechte Haltung vor Gott, zugleich aber auch in eine heilsame seelische Verfassung. Wenn wir uns in den Gebetsgebärden Gott gegenüber öffnen, dann tun sich auch in unserm Leib und in unserer Seele Räume auf, die sonst verschlossen blieben. Und so können wir uns neu erfahren, als Menschen, die nicht von der Erde sind und an ihr haften, die vielmehr ihren Ursprung in Gott haben und als Söhne und Töchter Gottes eine innere Weite und Freiheit atmen, wie wir sie in unseren alltäglichen Rollen kaum einmal verspüren können. Um die heilende Wirkung der Gebetsgebärden besser zu verstehen, möchten wir zuerst einige Gedanken über die Einheit von Leib und Seele und über die heilende Kraft der Gebärde darlegen.

I. Die Heilkraft der Gebärde

1. Der Mensch und sein Leib

Wir haben heute wieder neu verstanden, daß Leib und Seele eine Einheit bilden, daß wir den Menschen nicht auseinanderreißen dürfen, sondern ihn zusammen sehen müssen, um ihm gerecht zu werden. Zwei Wege können uns das Miteinander von Leib und Seele aufzeigen: die Psychosomatik, die Psychologie und Medizin miteinander verbindet und die seelischen Ursachen vieler Krankheiten aufzeigt. Und der initiatische Weg, den Graf Dürckheim beschrieben hat als Weg zu einer tieferen Selbsterfahrung und Gotteserfahrung, als Weg der Einübung in das Geheimnis der Menschwerdung, in das Geheimnis des Lebens mit und in Gott.

a) Die Psychosomatik

Die Psychosomatik erforscht die Zusammenhänge zwischen seelischen Stimmungen und ihrem körperlichen Ausdruck, zwischen psychischen Problemen und körperlichen Krankheiten. Sie geht davon aus, daß Gefühle und Bedürfnisse sich im Körper niederschlagen. Das weiß ja auch der Volksmund, wenn er sagt: „Das schlägt mir auf den Magen, das geht mir an die Nieren, mir geht die Galle hoch." Gefühle verlangen danach, ausgedrückt zu werden. Wenn wir unserem Ärger nicht mit Worten Luft machen oder ihn sonstwie ausagieren können (etwa durch Holzhacken oder Waldlauf), dann übernimmt der Körper die Reaktion und drückt ihn in einem Krankheitssymptom aus, etwa in einem Magengeschwür. Wenn der Ärger zur Dauerhaltung des Grolls wird, wenn wir ständig alles in uns hinein-

fressen, dann kann das sogar zum Krebs führen. Weil wir nichts mehr haben, womit wir gegen all das Negative reagieren können, das wir in uns hineinlassen, reagiert der Körper. Und er wird im wahrsten Sinne des Wortes zerfressen.[1]
Die Symptome einer Krankheit zeigen oft, was das eigentliche Problem eines Menschen ist.

Wer gelernt hat, die psychosomatische Doppelbödigkeit der Sprache zu hören, stellt mit Erstaunen fest, daß der Kranke sein psychisches Problem meistens immer schon mit erzählt, während er über seine Körpersymptome spricht. Der eine sieht so schlecht, daß er die Dinge gar nicht klar erkennen kann – ein anderer ist erkältet und hat die Nase voll – der nächste kann sich nicht bücken, weil er so steif ist – einer kann nichts mehr schlucken – ein anderer kann die Dinge nicht mehr bei sich behalten – der eine kann nicht hören und der nächste möchte vor Jucken am liebsten aus der Haut fahren. Hier gibt es nicht mehr viel zu deuten – man kann nur hinhören, mit dem Kopf nicken und feststellen: „Krankheit macht ehrlich."
In all diesen Fällen muß eben der Körper leben, was der Betreffende sich in seiner Psyche niemals trauen oder eingestehen will. So traut man sich nicht einzugestehen, daß man eigentlich aus der Haut fahren möchte, d.h. gewohnte Grenzen sprengen möchte – damit verwirklicht sich der unbewußte Wunsch im Körper und benutzt als Symptom ein Ekzem, um den eigentlichen Wunsch bewußt zu machen.[2]

Fast alle Krankheitssymptome zwingen uns zu Verhaltensänderungen. Wer überaktiv ist, den zwingt eine Grippe zur Inaktivität. Oft versuchen wir, die erzwungene Änderung unseres Lebensstils möglichst schnell wieder aufzuheben, um auf dem gewohnten Weg fortfahren zu können. Doch das ist ein Fehler. Wir sollten auf unsern Leib hören. Die Krankheit zwingt uns, zu leben, was wir bisher vernachlässigt haben, die Wünsche unserer Seele zu beachten, die wir bisher überhört haben, und einen Lebensstil zu entwickeln, der uns entspricht, der uns das rechte Maß bringt. Nach Dethlefsen ist Heilung „nur dadurch möglich, daß der Mensch den im Symptom verborgenen Schattenteil sich bewußt macht und integriert. Hat der Mensch das ihm Fehlende gefunden, wird das Symptom überflüssig. Heilung zielt auf Ganzwerdung und Einheit. Der Mensch ist heil, wenn er sein wahres Selbst gefunden hat und einsgeworden ist mit allem, was ist."[3]

Krankheitssymptome zeigen uns oft, wo wir eine falsche Einstellung zum Leben haben. Wenn wir kein Maß haben für unsere Arbeit, dann führt das zum Herzinfarkt. Wenn wir unsere Angst unterdrücken, dann führt das zu Schwindelanfällen. Weil wir unsere seelischen Bedürfnisse nicht wahrhaben und auf die Warnungen des Herzens nicht hören, werden wir krank. Die Krankheit ist die Notbremse des Leibes. Mit ihr will uns der Leib unüberhörbar warnen, daß wir so nicht weiterleben dürfen, daß wir unsere Einstellung zum Leben und unsern Lebensstil ändern müssen. Die Krankheit ist eine Chance, daß wir unsere Situation erkennen und uns ihr stellen. Von uns aus würden wir die Ahnungen überhören, die manchmal in uns auftauchen, die Ahnung, daß unser Leben sinnlos geworden ist, daß die Ehe nicht mehr stimmt, daß unser Beruf nur noch Leerlauf ist. Der Leib ist ehrlicher als unser Geist. Mit dem Geist sehen wir über die Ahnungen des Herzens hin. Wir wollen einfach nicht hinsehen, weil es unangenehm wäre. Der Leib zwingt uns, den Ahnungen des Herzens nachzugehen und auf den Ruf der Seele zu hören. Aber viele möchten am liebsten auch den Ruf der Krankheit überhören. Sie erwarten dann vom

Arzt, daß er ihren Leib wie eine Maschine repariert. Und sie empören sich, wenn der Arzt von ihnen eine Änderung ihres Lebensstiles verlangt. Sie wollen nichts davon wissen, daß sie an sich etwas ändern müssen, wenn sie gesund bleiben wollen.

Die seelischen Stimmungen und Probleme äußern sich jedoch nicht nur in Krankheitssymptomen, sondern auch in körperlichen Haltungen. Davon spricht auch der Volksmund. Wenn wir sagen: „Er läßt sich hängen", dann meinen wir, daß seine Körperhaltung seine Traurigkeit und Resignation ausdrückt und daß er sie dadurch festschreibt. Er möchte gar nicht mehr davon loskommen. Und in dieser Körperhaltung kann er es auch gar nicht. Der Volksmund weiß um die Einheit von Leib und Seele. Jede seelische Stimmung äußert sich auch im Leib. Wenn wir Angst haben, bekommen wir Herzklopfen. Wenn uns etwas peinlich ist, werden wir rot. Wenn wir vor etwas erschrecken, wird unser Gesicht bleich.

Wir werden krank, wenn wir unsere Gefühle und unsere tiefsten Bedürfnisse nicht mehr ausdrücken können. Zu diesen Bedürfnissen gehören auch die Ahnungen und Sehnsüchte der Seele. Nicht nur verdrängte Triebe oder unterdrückter Ärger können uns krank machen, sondern auch die verdrängte Sehnsucht. Unser Körper reagiert auch, wenn wir unsere Seele vernachlässigen. Und unsere Seele sehnt sich nach Gott und nach Gotteserfahrung. Sie ahnt, daß es doch noch mehr geben muß als dieses Leben, daß wir im Innersten mit Gott verbunden sind, daß Gott, der Urgrund allen Seins, in uns selber ist. Wenn wir diese Ahnungen nicht ausdrücken, sondern immer wieder übergehen, dann werden wir krank. Viele wissen heute nicht mehr, wie sie mit den Ahnungen und Sehnsüchten ihrer Seele umgehen sollen. Es fehlen heilende Räume, in denen die Seele zur Sprache kommen kann. Und es fehlen Übungsfelder, auf denen das, was uns im Tiefsten ausmacht, mit Leib und Seele trainiert werden kann. Die Gebetsgebärden wären so ein heilsamer Ort, an dem wir unsere tiefsten Sehnsüchte leibhaft zum Ausdruck bringen, an dem wir in Berührung kommen könnten mit den tiefsten Ahnungen unseres Herzens. Viele haben es heute verlernt, mit ihrem Leib richtig umzugehen, geschweige denn mit ihrer Seele. In den Gebetsgebärden könnten wir die wahre Würde unseres Leibes und seine Einheit mit unserer Seele spüren. Unser Leib wird darin durchlässig für Gott. In ihm drücken wir unsere Seele aus mit ihrer Sehnsucht nach Gott. Und so erfahren wir uns in andern Dimensionen. Wir werden in den Gebetsgebärden eins mit uns selbst, eins mit unserer Seele und unserem Leib, aber auch eins mit Gott. Und gerade in dieser Einheit mit Gott als dem Grund allen Seins könnten wir heil werden und ganz. Die Gebetsgebärden bringen uns in Berührung mit den positiven Gefühlen unserer Seele, mit dem Grundgefühl des Glaubens, daß wir in Gott geborgen sind, wertvoll, einmalig, von Gott geliebt und angenommen. Falsche Körperhaltungen verfestigen in uns die Krankheit. Die Gebetsgebärden lassen das Heile und Gesunde in uns wachsen, sie führen über die Haltung des Leibes zur Gesundheit von Leib und Seele.

b) Der initiatische Weg

Für Graf Dürckheim ist der Leib nicht etwas, das man hat, nicht ein gegenständlicher Körper, mit dem man umgeht, sondern wir sind unser Leib.

Leib meint „den ganzen Menschen als Person in der Weise, in der er sich nicht nur erlebt, sondern darlebt, das heißt dar-leibt."[4] Es meint nicht nur etwas Innerliches, sondern „das Ganze der Gestimmtheiten und Gebärden, in denen der Mensch sich selbst als die ihrer selbst bewußte und zugleich die Welt erlebende und in ihr handelnde Person fühlt, ausdrückt und darstellt, in Raum und Zeit besteht oder untergeht, sich zum wahren Selbst hin verwirklicht oder verfehlt."[5]

Am Leib liest Dürckheim ab, wie ein Mensch lebt und wie er ist. Der Leib ist die Person selbst,[6] die sich in „Gebärden" ausdrückt. Es gibt vorübergehende Gebärden wie das Zeigen von Freude, Ärger, Zorn, aber auch habituell gewordene Haltungen, die zu einem eingefleischten Dauerzustand geworden sind. Habituell hochgezogene Schultern bilden ein Beispiel dafür. Sie sind physisch gesehen eine Verspannung der Muskulatur, die bei Schmerzen herkömmlich mit Massagen behandelt wird. Als Gebärde gesehen ist es eine Schutzhaltung und Ausdruck mangelnden Vertrauens und damit Ausdruck von Angst.[7] Ein solcher Mensch ist immer in einer „Hab-acht-Stellung".
Der erste Schritt ist, sich seine Haltung bewußt zu machen und sich zu fragen, was sie an innerer Einstellung offenbart. Dann sollen wir uns in die richtige Haltung einüben. Dafür müssen wir zuerst alle Verkrampfung loslassen und das Festhalten aufgeben. Dann kann sich auch die dahinter liegende Angst lösen. „So wie eine verfestigte Haltung auch auf den inneren Zustand zurückgewirkt und gegebenenfalls auch die innere Entwicklung behindert, so kann auch das Bewußtmachen und die Umstellung der ‚äußeren' Haltung eine tiefgreifende Bedeutung für die Entwicklung der inneren Gesamtverfassung der Person gewinnen".[8]

2. Die heilende Wirkung der Gebärden

Für Graf Dürckheim haben die Gebetsgebärden die Aufgabe, den Menschen transparent zu machen für das göttliche Sein. Sie sollen ihn in Fühlung bringen mit dem göttlichen Wesen, das im Grunde eines jeden Menschen ist, das wir aber oft genug verdrängen und unbeachtet lassen. Indem uns die Gebärden für das göttliche Sein öffnen, bringen sie uns in die rechte Verfassung. Denn wenn der Mensch sich nur in der Welt festmacht, verleugnet er sein Wesen, seinen doppelten Ursprung, seine Transparenz für Gott. Er würde dann seinswidrig, ungesund leben. Die Gebärden, die uns in Berührung bringen mit dem göttlichen Sein, sind daher immer auch heilende Gebärden. Dürckheim nennt sie reine Gebärden, weil sie uns in die rechte Verfassung bringen. Und er nennt 3 Merkmale für die reine Gebärde.[9]

Das erste Merkmal besteht darin, daß wir ganz in der Gebärde aufgehen und nichts anderes im Sinn haben als die Gebärde. Das 2. Merkmal verlangt, daß die Gebärde frei ist vom Ich, daß wir sie also nicht machen, nicht gut darstellen wollen, sondern daß wir uns selbst in ihr verlieren, uns in ihr vergessen und ganz eins werden mit ihr. Und 3. bedeutet rein für Dürckheim: „transparent für das durchschimmernde Sein". Die reine Gebärde ist durchlässig letztlich für das göttliche Sein, für das Wesen aller Dinge, für Gottes heilenden Geist. Sie läßt den heilenden Geist Gottes in unsern Leib und unsere Seele einströmen und sie verwandeln.

Die reinen Gebärden haben archetypischen Charakter und entsprechen dem Grundmaß des Menschen. Sie bringen unser wahres Wesen zum Ausdruck und befreien uns von den Bildern, die uns andere Menschen oder die wir uns selbst in unsern Idealvorstellungen übergestülpt haben und die unser Wesen verzerren. Wenn wir uns von unserem Grundmaß entfernen, werden wir krank. Wenn falsche Bilder sich in uns einbilden, verbilden sie uns. Die reinen Gebärden bringen unser Urbild wieder zum Vorschein. Sie zeigen uns, als wer wir gemeint sind. Und sie befreien uns von Fehlhaltungen und Krankheiten. Daher gilt: „Je reiner die Gebärde, um so heiler wird in ihr und durch sie der Mensch."[10] Allerdings müssen die reinen Gebärden immer wieder geübt werden. Sie heilen nicht durch ein einmaliges Tun. Denn die falschen Bilder haben sich so in uns eingefleischt, daß es langer und ausdauernder Übung bedarf, um davon frei zu werden und um in unser Grundmaß zu kommen, um unser wahres Bild wieder aufscheinen zu lassen, das Bild, das sich Gott von uns gemacht hat. Je öfter wir diese Gebärden üben, desto mehr kann in uns das wahre Wesen wachsen und desto schneller fallen die Fesseln ab, die uns in unserem Menschsein einengen.

Die Gebetsgebärden haben vor allem deshalb eine heilende Wirkung, weil sie uns erfahren lassen, was der Glaube uns verheißt: daß wir mit Leib und Seele in der uns bergenden Hand Gottes sind und daß Gottes mächtige Gegenwart uns von uns selbst befreit. Das Sichfesthalten, das ängstliche Sichklammern an sein kleines Ich, an Menschen, an Besitz, das ist für Dürckheim das Grundübel des Menschen. Heil wird er nur, wenn er das Festhalten aufgeben und sich ganz und gar Gott überlassen kann. Gott befreit uns von uns selbst und zu uns selbst. Das kann uns hautnah in einer Gebärde aufgehen, wie es bei der Frau geschah, von der Dürckheim schreibt:

Einst fragte mich eine Frau: „Wie soll man eigentlich beten?" „Können Sie knien?" fragte ich zurück. Diese Frage traf sie offensichtlich an empfindlicher Stelle. „Wie meinen Sie das!" fragte sie nun, etwas irritiert. „Nun, ganz einfach" sagte ich. „Sie knien vor Ihrem Bett nieder und geben sich so ganz und gar anheim. . . " Die Frau stand auf und ging, fast ohne mich zum Abschied zu grüßen, hinaus. Am nächsten Tage berichtete sie: Erst sei sie, als sie von mir gegangen, wie von einem vernichtenden Schlage getroffen getaumelt, dann aber unversehens ins Laufen gekommen — immer schneller. An ihrem Hotel angekommen, sei sie die Treppen hinaufgestürmt, in ihr Zimmer hinein, habe die Türe verschlossen und sei geradezu in ihre Knie gestürzt. Ja — und da nun sei es über sie gekommen . . . Sie wußte nicht, wie ihr geschah und was es war, das ihr widerfuhr. Nur dieses habe sie gefühlt: In dieser Haltung sei sie selber wie ausgelöscht gewesen und machtlos, aber ganz erlöst ausgeliefert einem sie bergenden und . . . Ja — nun wüßte sie wohl, worum es ging . . .[11]

Die Gebärden haben eine lange Tradition und sie finden sich in allen Völkern. Zwar gibt es kulturelle Unterschiede, aber doch eine weitgehende Übereinstimmung. Das zeigt, daß die Gebärden einem Urverlangen des Menschen entspringen. Die Menschen haben zu allen Zeiten gespürt, daß sie ihre Beziehung zu Gott in bestimmten Gebärden ausdrücken müssen. Wie die Stimmungen und Erfahrungen je nach Situation verschieden sind, so auch die Gebärden. Es gibt nicht die alleinseligmachende Gebärde. Unsere Beziehung zu einem Menschen, etwa zum Ehepartner, hat ja auch verschiedene Aspekte. Der Ehepartner ist uns abwechselnd Vater und Mutter, Gefährtin oder Gefährte, Bruder oder Schwester, Sohn oder Tochter, Liebhaber und Geliebte. Und nur wenn wir all diese Aspekte auch ausdrücken, bleibt unsere Beziehung lebendig. So ist es auch mit den Gebetsgebärden, die ausdrücken, daß wir Partner Gottes sind, von ihm geschaffen und erlöst. Wir sind seine geliebten Kinder, aber auch seine Knechte, denen er etwas zumutet und die er herausfordert. Wir dürfen uns diesem Gott vertrauend nähern, aber wir erschaudern auch vor seiner Größe. Wir stehen vor ihm, aber wir beugen uns auch vor seiner Majestät. Wir bitten ihn und wir loben ihn, wir klagen vor ihm und wir danken ihm. Unsere Beziehung ist nicht statisch, sondern ein lebendiger Dialog. Und dieser Dialog drückt sich in einer Gebärde aus, die wir je nach Situation Gott gegenüber anwenden.

II. Die Gebetsgebärden im einzelnen

Wir möchten die einzelnen Gebetsgebärden nicht in ihrer historischen Herkunft oder in ihrer Bedeutung bei den verschiedenen Völkern aufzeigen. Das hat Thomas Ohm in seinem Buch über die Gebetsgebärden der Völker schon umfassend getan.[12] Wir möchten nur die Bibel befragen, was sie mit den einzelnen Haltungen verbindet, und die eigene liturgische Tradition bewußt machen. Und wir wollen vor allem die Erfahrungen beschreiben, die die einzelnen Gebärden in uns hervorrufen können.

1. Das Stehen

Das Stehen ist die Urgebärde des menschlichen Betens, in allen Völkern verbreitet. Auch die Bibel kennt das Stehen als die normale Haltung des Betens.

Stehend lobt der Beter Gott. Im Stehen erfährt er, daß Gott ihn hält, daß er nicht wankt. Er bekennt: „Er stellte meine Füße auf den Fels, machte fest meine Schritte." (Ps 40,3) Stehen ist Ausdruck der Glaubenshaltung. So heißt es schon bei Jesaja: „Glaubt ihr nicht, so könnt ihr nicht feststehen, so habt ihr keinen Stand." (Jes 7,9) Paulus ermahnt die Christen: „Steht fest im Glauben" (1 Kor 16,13). Und „Steh fest im Herrn!" (Phil 4,1) Im Stehen erfahren die frühen Christen, daß sie mit Christus auferstanden sind und daß sie daher stehen dürfen. In der Auferstehung hat Gott uns aufgerichtet und unsere Füße auf sicheren Felsen gestellt, daß uns kein Widersacher mehr umstoßen kann. Er hat uns in eine neue Würde hineingestellt, unser Stehen ist Teilhabe am Herrn, an der „Gnade, in der wir stehen" (Röm 5,2). Und so ist für die ersten Christen das Stehen die normale Haltung beim Beten.

Um ein Gespür für das rechte Stehen vor Gott zu bekommen, können wir versuchen, uns mit dem

Bild des Baumes hinzustellen, Füße etwa in Hüftbreite auseinander. Die Arme lassen wir hängen. Wir stehen aufrecht und spüren das Gewicht in den Fußsohlen, den Schwerpunkt zwischen Fußballen und Fersen. Das erreichen wir, wenn wir leicht mit den Knien wippen. Dadurch werden wir gut geerdet. Dann stellen wir uns vor, wie der Atem beim Ausatmen durch die Fußsohlen in die Erde strömt, so als ob wir uns mit dem Atem in den Boden einwurzeln. Wir lassen die Wurzeln immer tiefer in die Erde treiben, so daß wir fest stehen, tief verwurzelt wie ein Baum, den kein Wind umzuwerfen vermag. Nun richten wir unser Augenmerk nach oben und versuchen, mit der Schädeldecke Kontakt zur Zimmerdecke aufzunehmen. Beim Einatmen lassen wir den Atem aus dem Boden heraus durch die Fußsohlen über den ganzen Leib bis zum Scheitel und dann bis zur Zimmerdecke fließen. Beim Ausatmen soll der Atem von der Decke durch den Leib bis in den Boden strömen. So stehen wir zwischen Himmel und Erde, ganz durchströmt vom Atem. Der Atem verbindet in uns Himmel und Erde, Geist und Materie, Licht und Dunkel. Wir können uns vorstellen, daß wir durchlässig werden für den Geist Gottes, der uns im Atem durchströmt. Wir spüren, daß es durch uns hindurchatmet, daß wir im Dienst eines Größeren stehen. Wenn wir so das Gefühl haben, wie ein Baum fest verwurzelt und doch offen nach oben, zu Gott hin, zu stehen, dann ahnen wir, was es heißt, im Glauben fest zu stehen, oder auf heiligem Boden zu stehen, wie Mose vor dem brennenden Dornbusch: „Leg deine Schuhe ab; denn der Ort, wo du stehst, ist heiliger Boden." (Ex 3,5)

Dann können wir uns vorstellen, daß Gott uns anschaut, daß wir ihm gegenüberstehen als seine

Partner. Wir stehen vor Gott zu uns selbst. Die Vorstellung, daß Gott uns wohlwollend anschaut, macht uns lebendiger und öffnet uns nach vorne. Wir stehen nicht nur in uns, sondern vor Gott, von ihm beachtet, ihm gegenüber. Als Hilfe können wir die Hände mit den Handflächen nach vorne drehen. Dann stehen wir wirklich vor Gott, von ihm angeschaut, angenommen, geliebt, von seinem Geist durchströmt und durchpulst.

Wir achten auf unsern Kopf. Wir können ihn extrem hochziehen oder leicht nach unten fallen lassen, um dann eine mittlere Stellung zu finden, in der wir ganz wach stehen, aufrecht und zugleich demütig, den andern achtend und voller Ehrfurcht. Der Volksmund sagt von den beiden andern Stellungen: er ist hochnäsig oder er läßt den Kopf hängen. Beides gibt innere Haltungen an, die überhebliche, in der wir über die andern hinwegsehen, sie verachten, und die depressive, in der wir uns selbst klein machen, uns hängen lassen, uns nichts zutrauen.

Um den Unterschied zu diesem wachen Stehen vor Gott zu erfahren, stellen wir uns ganz eng hin, die Füße zusammen, die Schultern hochgezogen. Dann erleben wir uns unsicher, wackelig, ängstlich. Wir stehen nicht zu uns, wir schauen nicht auf zu Gott, sondern halten krampfhaft an uns fest. Dann nehmen wir das andere Extrem ein, wir stellen uns ganz breit hin, die Füße so weit auseinander, wie es geht. Wir wollen dann bewußt stark und sicher erscheinen. Aber wir sind trotzdem wackelig, wir spüren, daß wir uns übernehmen, daß wir uns und den anderen etwas vormachen. In so einer Haltung können wir nicht beten. Wir können nur in dem wachen Stehen vor Gott beten, das wir vorhin beschrieben haben, ja diese Stellung ist selbst schon Gebet. In dieser Haltung stehen wir in Gottes Gegenwart, lassen uns von ihm anschauen, schauen ihn selbst an, lassen uns von seinem Geist durchströmen. Und in dieser Haltung könnten wir dann all die Gebärden mit unsern Händen machen, die wir nun beschreiben wollen.

2. Beten mit den Händen

Die Hände sind der geistigste Teil des menschlichen Körpers, ein Meisterwerk des Schöpfers. Mit ihnen können wir unsere Seele am besten ausdrücken. Wir können zärtlich sein, grausam, hart, einfühlsam, verstehend, lebendig, feinsinnig, offen, verschlossen, entlarvend, behütend, schützend, streichelnd, sanft. Die Hände sind aber auch das beste Organ für unsere Gottesbegegnung. Mit den Händen können wir Gott intensiver erfahren als mit unserm Kopf. Wir können Gott nicht greifen, aber mit offenen Händen können wir ihn erahnen, berühren, uns ihm öffnen, um uns von seinem Geist erfüllen zu lassen.

Es gibt die verschiedensten Gebetshaltungen mit den Händen: die Hände erheben, ausstrecken, falten, verschränken, sie vor die Brust, vor das Gesicht halten. Wir möchten erst wieder die Bibel befragen, dann die Bedeutung einiger Haltungen in der Tradition durchgehen und konkrete Übungen angeben.

Wenn das AT vom Beten spricht, dann denkt es meist daran, daß wir die Hände zu Gott erheben. So heißt es Gen 14,22: „Ich erhebe meine Hand zum Herrn, dem Höchsten." Gott befiehlt dem Mose Ex 9,22: „Streck deine Hand zum Himmel empor!" Und bei der Amalekiterschlacht betet

Mose mit erhobenen Händen, ja Josue und Aaron stützen seine Hände, damit er länger beten kann. „Solange Mose seine Hand erhoben hielt, war Israel stärker." (Ex 17,11).

Andere Stellen bezeugen, daß man mit den Händen Segen spendete. „Israel streckte seine Rechte aus und legte sie Efraim auf den Kopf" (Gen 48,14), um ihn zu segnen. Oder man legt die Hand unter die Hüfte des andern, wenn man einen Eid ablegen will. Von Aaron heißt es, daß er seine Hand über das Volk erhob und es segnete (Lev 9,22). Man segnete also entweder durch das Ausstrecken der Hände oder durch Handauflegung.

Im NT wird ebenso das Erheben der Hände als Haltung des Gebetes gesehen. So heißt es 1 Tim 2,8: „Ich will, daß die Männer überall beim Gebet ihre Hände in Reinheit erheben." Johannes deutet die Gebärde des Ausstreckens als Bereitschaft, sich von Gott führen zu lassen, Gott an sich handeln zu lassen. So sagt Jesus zu Petrus: „Wenn du aber alt geworden bist, wirst du deine Hände ausstrecken, und ein anderer wird dich gürten." (Joh 21,18). Häufig beschreibt das NT die Handauflegung als Geste des Segens und der Geistmitteilung. So heißt es in der Apostelgeschichte: „Sie beteten und legten ihnen die Hände auf." (Apg 6,6) „Sie legten ihnen die Hände auf, und sie empfingen den Hl. Geist." (Apg 8,17) Und von Jesus heißt es vor seiner Himmelfahrt: „Dort erhob er seine Hände und segnete sie." (Lk 24,50)

Bei Jesus ist die Handauflegung nicht nur ein Gebet des Segens, sondern auch der Heilung. Jesus heilt durch seine Hände, entweder, indem er sie den Menschen liebend auf den Kopf legt und ihnen so etwas von der Geborgenheit durch Gott vermittelt, oder indem er sie berührt und anfaßt: „Jesus streckte die Hand aus, berührte ihn und sagte: ich will, sei rein." (Mt 8,3) Jesus berührt die Hand der Schwiegermutter des Petrus und schon weicht das Fieber von ihr. (Mt 8,15) Jairus bittet Jesus um die Heilung seiner Tochter mit den Worten: „Komm doch, leg ihr deine Hand auf, dann wird sie wieder lebendig." (Mt 9,18) Und dann heißt es: „Er faßte das Mädchen bei der Hand, da stand sie auf." (Mt 9,25)

a) Ausbreiten und Erheben der Hände

Das Ausbreiten und Erheben der Hände war in der frühen Kirche die Gebetshaltung schlechthin. Beten ist identisch mit „seine Hände zu Gott erheben". Die ersten Christen übernahmen damit die Gebetsgebärde, die bei allen Völkern der Antike üblich war. Aber sie verbanden diese Gebärde mit der Kreuzigung Jesu. Die Christen wollen Jesus am Kreuz nachahmen, der mit den ausgestreckten Armen sich ganz Gott übergibt und damit das Heil für alle Menschen erfleht. So schreibt Tertullian: „Wir aber, wir erheben die Hände nicht nur, wir breiten sie sogar aus, und dem Leiden unseres Herrn uns nachbildend, bekennen wir auch im Gebete Christus."[13]

Origines hält die Gebärde der ausgestreckten Hände für die dem Gebet angemessenste. „Man darf nicht daran zweifeln, daß von den zahllosen Stellungen des Körpers die Stellung mit den ausgestreckten Händen und emporgerichteten Augen allen vorzuziehen ist, da man dann gleichsam das Abbild der besonderen Beschaffenheit, die der Seele während des Gebetes ziemt, auch am Körper trägt."[14] Und der Altvater Makarius meint, das Beten bestehe nicht in vielen Worten, sondern einfach im Erheben der Hände.[15] Wenn man in dieser Stellung verharrt, dann betet man zu Gott, ohne daß man noch Worte sprechen muß.

Die Übung der Handgebärde beginnen wir mit dem aufrechten Stehen. Dann öffnen wir die Hände nach vorne und winkeln die Arme an, so daß wir mit den Händen eine Schale bilden. Wir stehen eine zeitlang in dieser Haltung vor Gott. Es ist eine Haltung der Offenheit, der Hingabe, wir halten Gott unsere leeren Hände hin, damit er sie erfülle. In dieser Haltung könnten wir langsam das Gebet sprechen, das Lübecker Kapläne im 3. Reich vor ihrer Hinrichtung gebetet haben: „Herr, hier sind meine Hände. Lege hinein, was du willst. Nimm hinweg, was du willst. Führe mich, wohin du willst. In allem geschehe dein Wille." Wenn wir in dieser Gebärde so beten, dann spüren wir, welch ein Risiko in diesen Worten steckt, wie oft wir mit dem Mund etwas beten, was wir gar nicht einlösen können. In der Gebärde geht uns das Gebet unter die Haut. Und wir wissen, was wir beten.

Von der Haltung der Schale gehen wir weiter zur Orantehaltung, wie sie in den Katakomben immer wieder dargestellt ist. Wir führen die Arme seitwärts nach oben, halten sie in Schulterhöhe weit ausgestreckt, die Hände nach oben geöffnet. Wichtig ist, daß wir dabei mit unsern Füßen gut auf dem Boden stehen und daß wir unsere Armmuskeln nicht anspannen, sondern die Arme von der Bauchmitte, vom Hara her, tragen lassen. Dann ist diese Haltung nicht anstrengend, sondern natürlich. Wir werden in den Armmuskeln nicht ermüden. In dieser Haltung können wir Gott loben und preisen. Wir werden dann eine innere Weite und Freiheit spüren. Wir sind nicht mehr auf uns fixiert, sondern schauen auf Gott. Wir erleben, daß uns das Gebet mit Gott verbindet und uns so mit seinem Leben, mit seiner Weite, mit seiner Freiheit erfüllt. In der Gebärde können wir schon etwas von dem erfahren, was sie ausdrückt. Unser Leben wird uns in einem anderen Licht erscheinen. Depressive Gedanken haben in dieser Gebärde keinen Platz. Wir werden von selbst innerlich positiv gestimmt.

Eine andere Form des Händeaustreckens entwickelt sich aus der Kreuzgebärde. Wir drehen unsere Hände an den herunterhängenden Armen wieder nach vorne. Dann führen wir die Arme langsam nach oben, die Handflächen dabei nach vorne haltend, bis die Arme in Schulterhöhe waagrecht ausgestreckt sind. Dann bleiben wir einige Augenblicke in dieser Kreuzesgebärde stehen. Für viele ist es anstrengend. Aber wenn wir uns diese Gebärde zumuten, spüren wir, was sie ausdrückt. Wir sind uns selbst das Kreuz, angenagelt an uns selbst. Wir können vor uns nicht davonlaufen. Wir tragen das Kreuz mit uns. Wir sind zusammengesetzt aus Gegensätzen, wir können sie nicht ausscheiden. Aber wir sind auch offen, offen für jeden, dem wir so begegnen würden, offen für Gott, der uns mit seiner Gnade erfüllen kann. Wir sind schutzlos, ausgeliefert, verwundbar. Wir können nichts vor uns halten, keine Maske, keinen Schild. Aber wir spüren vielleicht auch, wie uns diese Offenheit frei macht, weit, wie wir auf einmal eine viel größere Kraft in uns wahrnehmen.

Dann winkeln wir die Arme in den Ellenbogen ab und lassen die Hände nach vorne hin offen. Diese Gebetshaltung ist in der Urkirche weit verbreitet. In der Liturgie wird sie beim Vaterunser empfohlen. In dieser Gebärde sind die Hände wie Sender, die Strahlen zu Gott hin aussenden. Wir tragen unsre Bitten nicht mit Worten vor, sondern mit den Händen, die intensiver flehen als unser Mund. In dieser Haltung kann ich am besten beten: Dein Wille geschehe. Ich schaue mit meinen Händen auf Gott und übergebe mich ihm. Und ich flehe zu ihm um das, was mir am Herzen liegt. Ich kann da nicht um äußere Dinge bitten, sondern nur um das, was mir eigentlich nottut. Bei der Profeß singen wir in dieser Gebärde das Suscipe: „Nimm mich auf, o Herr, nach deinem Wort. Und ich werde leben." Wer sich auf diesen Ritus einläßt, der spürt, daß da in ihm etwas in Bewegung kommt. Er hat sich vielleicht in den Exerzitien vor der Profeß viele Gedanken über das Wesen der Gelübde gemacht. Aber in dieser Gebärde geht es ihm auf einmal in einer Tiefe auf, die er durch Nachdenken nie erreichen kann. Mit seinem ganzen Leib spürt er, was es heißt, Gott sein Leben zu übergeben, auf ihn zu vertrauen, daß er uns das wahre Leben schenkt, wenn wir uns ihm ausliefern. Und er erinnert sich vielleicht daran, daß in dieser Haltung der Auferstandene seinen Jüngern erscheint und ihnen seine Wunden hinhält. So hält er sich Gott hin, von ihm getroffen und verwundet. Und seine Wunde wird zur Quelle des Lebens für ihn und seine Mitbrüder.

b) Das Falten der Hände

Das Händefalten ist bei vielen Völkern weit verbreitet. Im christlichen Bereich wird es erst ab dem 9. Jhd. gebräuchlich. Das Händefalten war bei den Germanen eine Huldigungsform. Beim Lehensvertrag reichte der Vasall „seine Hände mit aneinandergelegten Flächen seinem Herrn hin und dieser umschloß sie dann mit den seinigen."¹⁶ Mit den gefalteten Händen bietet man Gott also seine Dienste an, zugleich unterwirft man sich unter seinen Willen. Noch heute verspricht der Priester bei seiner Weihe dem Bischof Gehorsam, in dem er seine gefalteten Hände in die Hände des Bischofs legt.

Beim Üben dieser Gebärde ist es wichtig, daß wir gut dastehen. Wenn wir nicht in unserer Mitte stehen, sondern mit Stand- und Spielbein, dann werden die gefalteten Hände zur Farce. Sie drücken nichts mehr aus. Wir stellen uns also gut hin und halten die Handflächen erst ein paar Zentimeter voneinander entfernt. Wir versuchen, über den Zwischenraum hinweg den Kontakt mit der andern Hand wahrzunehmen. Dann legen wir die Hände langsam ganz zusammen. Wir spüren, wie uns das sammelt. Die miteinander verbundenen Hände binden unsern unruhigen Verstand, sie verbinden das Widerstrebende in uns zu einer Einheit zusammen. Und es entsteht in uns ein Kreislauf. Alle Gedanken und Gefühle, alle inneren Schwingungen gehen durch die gefalteten Hände hindurch. Und in diesem Strömen sind wir angeschlossen an den Kreislauf der göttlichen Liebe. Wir können nun die für uns gemäße Stellung der Hände ausprobieren. Wir können sie mit den Fingern nach oben oder nach vorne halten, vor den Bauch oder vor die Brust, am Körper anliegend oder weiter weg. Und wir können die Unterschiede spüren. In welcher Haltung könnten wir am intensivsten beten? Wo wird die Haltung kitschig und unnatürlich? Die Haltung kann uns in die Stille führen. Alles Störende wird ausgeschlossen. Wir binden uns selbst, um uns ganz Gott hinzuhalten. Wenn ich bei der Meditation unruhig bin, dann falte ich die Hände und erfahre, daß ich wieder ruhig werde. Aber ich kann diese Gebärde nicht als Dauerhaltung praktizieren. Dann wird sie für mich unnatürlich. In Augenblicken höchster Sammlung und Ehrfurcht ist sie jedoch eine große Hilfe und für mich der angemessenste Ausdruck meiner Haltung Gott gegenüber.

c) Verschränkte Hände

Die Gebärde mit aneinanderliegenden Handflächen und ineinander verschlungenen Fingern ist weniger verbreitet. Papst Gregor beschreibt diese Gebärde bei Scholastika, die mit verschlungenen Fingern so inständig betet, daß Gott durch Regen und Donner ihren Bruder Benedikt zwingt, die Nacht in geistlichen Gesprächen mit ihr zu verbringen. Im Volk wurde diese Gebärde sehr beliebt. Die offizielle Liturgie jedoch sieht sie nicht vor. Im evangelischen Bereich wurde sie zur gewöhnlichen Gebetsgebärde.[17]

Auch in dieser Gebärde bindet sich der Mensch, um sich in Gottes Willen zu ergeben. Matthias Claudius sagt dazu: „Das Händefalten sieht so aus, wie wenn sich einer auf Gnade und Ungnade ergibt und's Gewehr streckt."[18] Zugleich drückt die Gebärde Sammlung aus und ein Beten, in dem man mit Gott ringt, wie Jakob im nächtlichen Zweikampf mit Gott: „Ich lasse dich nicht, du segnest mich denn." (Gen 32,27)

Wenn wir diese Gebärde üben, können wir die verschiedenen Grade ausprobieren. Zuerst halten wir die Finger locker verschränkt vor den Bauch, ohne daß sich die Handflächen berühren. Das ist eine Gebärde der Sammlung, in der wir mehr zuhören als aktiv beten. Wir binden uns, damit wir gesammelt in unserer Mitte stehen, um aufmerksam die Liturgie um uns herum zu verfolgen. Wenn wir dann die Handflächen aneinanderlegen, wird aus dieser sammelnden Gebärde eine flehend bittende. Auch hier können wir die verschiedenen Stufen testen. Wir drücken die Hände fest zusammen. So ringen wir mit Gott, wir schreien auf zu Gott, wir flehen inständig. Aber in dieser Haltung können wir nicht lange bleiben, ohne uns zu verkrampfen. Wir ziehen alle Muskeln zusammen, um Gott gegenüber auszudrücken, wie wichtig uns unser Anliegen ist, wie sehr wir da mit dem ganzen Leib beteiligt sind. Wir spüren, wie das Gebet sich ändert, je nach dem, wie weit wir die Hände vor den Leib halten, wie hoch, vor dem Bauch oder vor der Brust. Wir brauchen in dieser Gebärde nicht viele Worte zu machen, wir sprechen mit unserm Leib, mit den Händen, mit dem Herzen, das sich in den Händen ausdrückt.

d) Kreuzung der Hände über der Brust

Viele Völker kreuzen die Hände über der Brust, wenn sie intensiv bitten. In der russischen Liturgie gehen die Gläubigen mit gekreuzten Händen zur Kommunion. Früher gingen auch viele Katholiken in dieser Haltung zum Tisch des Herrn. Bei uns ist diese Gebärde bei der Profeß üblich. Wenn wir im Profeßritus singen: „et ne confundas me ab exspectatione mea" (enttäusche mich nicht in meiner Hoffnung), dann knien wir nieder, verneigen uns und halten die Hände vor der Brust gekreuzt.

Diese Gebärde drückt Hingabe aus. Wehrlos, aber zugleich voll Vertrauen überlassen wir uns Gott. Diese Gebärde erinnert aber auch an eine Umarmung. Wir halten etwas Kostbares in unserm Innern. Wir halten das göttliche Kind in uns und wir wiegen es zärtlich und ehrfürchtig. Auf manchen Weihnachtsbildern kniet Maria vor dem göttlichen Kind mit gekreuzten Armen. Es ist eine zurückhaltende und zugleich zärtliche Geste, mit dem Wissen um das Geheimnis Gottes, der nicht nur vor uns ist, sondern auch in uns. Wir schaffen mit dieser Gebärde Raum in uns, und wir öffnen uns selbst dem Ort in uns, in dem Gott schon wohnt. Wir erfahren uns neu, wir spüren etwas von unserem eigenen Geheimnis. Für mich ist das eine Gebärde, mit der ich an Weihnachten das Wunder der Geburt Jesu meditiere, der ja an diesem Fest in mir neu geboren werden will. Ich brauche zärtliche Hände, um das göttliche Kind in mir zu spüren. Aber ich fühle dann auch etwas von dem Frieden, der von ihm ausgeht, und von der Lebendigkeit, Zartheit und Liebe, mit der mich Gott erfüllt.

e) Die Hände vor das Gesicht halten

Früher war es üblich, nach dem Empfang der Kommunion die Hände vor das Gesicht zu halten, sich in seinen Händen gleichsam zu vergraben, um Gott für das Geheimnis der Eucharistie zu danken. In dieser Gebärde sondern wir uns von allem um uns herum ab, wir versenken uns in das eigene Herz. Wir lassen uns durch nichts stören, um uns in Gott hinein zu verlieren. Manche beten gerne in dieser Gebärde, weil sie sich dann besser konzentrieren können. Sie verdecken ihr Gesicht, um das Angesicht Gottes zu erahnen oder gar zu schauen.

Beim Üben dieser Gebärde ist es wichtig, auf die Hände zu achten. Wenn wir die Hände nicht sofort auf die Haut des Gesichtes legen, sondern einige Zentimeter davor, so werden wir die Wärme der Hände und zugleich der Wangen spüren. Wir spüren ein Kraftfeld zwischen Händen und

Wangen. Dann berühren wir langsam und vorsichtig die Haut. Wir werden etwas von dem Geheimnis ahnen, das sich in unserm Gesicht verbirgt. Im Gesicht berühren wir uns ja ganz intim, ganz zärtlich. Wir sind Gottes Ebenbild. In unserem Gesicht betasten wir zugleich das Angesicht Gottes. Wir ahnen etwas von dem Geheimnis unserer Gottebenbildlichkeit, die durch die Menschwerdung Gottes in Christus wieder erneuert worden ist und daher nach der Kommunion in besonderer Weise erfahren werden kann. Wir harren in dieser Gebärde einige Minuten aus. Sie sammelt uns, sie orientiert uns nach innen und öffnet uns einen Raum des Geheimnisses, einen Raum, in dem wir erfahren können, daß Gott selbst in uns wohnt. Das heftige Anpressen der Hände dagegen ändert die Gebärde sofort. Jetzt wird es wieder ein Ringen, ein Kämpfen, oder aber ein Trauern, ein nicht mehr Weiterwissen, ein sich Vergraben in Gottes geheimnisvollen Willen. Wir drücken damit aus, daß Gott seine Hand auf uns gelegt hat.

f) Handauflegung

Im NT ist die Handauflegung die Gebärde des Segnens und Heilens. Bei uns ist sie offiziell nur noch bei der Diakonats- und Priesterweihe üblich. Das ist ein Verlust. In den letzten Jahren ist die Handauflegung wieder neu belebt worden, etwa bei der Absolution in der Beichte, beim Brautsegen oder bei den Segnungsgottesdiensten in der charismatischen Bewegung. Es wäre sicher eine schöne Geste, mit der Eltern ihre Kinder segnen könnten. Die Geste drückt Schutz und Geborgenheit aus, Angenommenwerden, Durchdrungenwerden vom Geist Jesu, das Stehen unter dem Schutz des Höchsten.

Schon rein natürlich erzeugt die Handauflegung ein positives Gefühl beim andern. Es entsteht Wärme. Es strömt etwas über. Die ersten Christen haben mit dieser Gebärde den hl. Geist weitergegeben und Kranke geheilt. Die Gebärde könnte uns erfahren lassen, daß in der Hand des andern die Hand Jesu uns berührt und heilt. Durch die aufgelegten Hände strömt Christi heilende Kraft in uns ein. Wir spüren etwas vom Sakrament des Bruders. Jeder kann für den andern zum Mittler für Jesu heilendes und erlösendes Handeln werden. Auch wenn wir uns vielleicht selbst gar nicht so gotterfüllt fühlen, können wir mit unsern leeren Händen die Fülle des Lebens weitergeben, das Christus uns geschenkt hat. Die Sakramente der Kirche sind alle Berührungssakramente. In ihnen, so sagen die Kirchenväter, erreicht uns die Menschwerdung Gottes in Jesus Christus und in der Hand des Priesters berührt uns die Hand Jesu selbst.

Bei unserem Silvesterkurs, den wir jährlich für Jugendliche halten, haben wir die Handauflegung in einer andern Weise gestaltet. Bei der Gabenbereitung in der nächtlichen Eucharistiefeier treten die Jugendlichen an den Altar und legen schweigend ihre Hände auf den Altar und beten still dabei. Sie übergeben mit dieser Gebärde das Neue Jahr Gott und bitten ihn um seinen Segen. Sie legen ihr Jahr auf den Altar, sie legen ihre guten Vorsätze, ihren guten Willen auf den Altar, mit der Bitte, daß Gott das, was sie vor ihn hintragen, verwandeln und mit seinem Geist erfüllen möge. Es ist jedesmal ein sehr intensives Beten. Man spürt, daß ihnen die Gebärde hilft, ihr Leben Gott zu übergeben und daß ihr Gebet ihnen das Vertrauen schenkt, daß ihr Jahr in Gottes guten Händen sein wird.

g) An die Brust klopfen

Zum Zeichen der Reue und Buße ist diese Gebärde weithin bekannt. Im NT schlägt sich der Zöllner im Tempel an die Brust und spricht dabei: „Gott sei mir Sünder gnädig." (Lk 18,13) Und als Reaktion auf den Tod Jesu berichtet Lukas: „Alle, die zu diesem Schauspiel herbeigeströmt waren und sahen, was sich ereignet hatte, schlugen sich an die Brust und gingen betroffen weg." (Lk 23,48) Das Schlagen an die Brust ist hier Zeichen der Umkehr. Die Menschen, die den Tod Jesu beobachtet haben, haben verstanden, was das Geheimnis dieses Menschen war, daß hier ein gerechter Mensch gestorben ist, der seine Liebe zu Gott und zu den Menschen bis in den Tod durchgehalten hat.

Es ist sicher ein sinnvoller Brauch, wenn wir beim Schuldbekenntnis dreimal an die Brust klopfen. Wir vollziehen mit dem Leib nach, was wir mit dem Mund sprechen. Natürlich ist diese Geste oft oberflächlich. Aber wenn man sie unterläßt, verliert man auch eine Möglichkeit, seine Reue leibhaft auszudrücken. Solange ein solcher Ritus noch üblich ist, besteht auch die Möglichkeit, ihn für sich selbst zu erneuern und zu intensivieren. Wenn einmal gemeinsame Riten abgeschafft sind, ist es kaum mehr möglich, sie wieder einzuführen.

h) Das Kreuzzeichen

Das Kreuzzeichen ist eine nicht nur im Christentum gebräuchliche bezeichnende Gebärde. Es gibt im christlichen Bereich zwei Weisen, sich mit dem Kreuz zu bezeichnen. Das kleine Kreuzzeichen macht man mit einem Finger, meist mit dem Daumen, oder auch mit mehreren Fingern entweder auf die Stirne, an den Mund und die

Brust oder auch auf Gegenstände oder andere Personen. So zeichnen Eltern ihren Kindern oft das Kreuz mit dem Daumen auf die Stirn. Beim großen Kreuzzeichen führt man die Hand von der Stirn zur Brust und von der linken zur rechten Schulter. Oder man segnet mit der Kreuzgebärde andere Personen, so etwa beim Schlußsegen der hl. Messe. Dabei ist es sinnvoll, die Handinnenfläche den Menschen zuzuwenden, die man segnet. Denn die Hand symbolisiert das Gesicht, das man dem andern zuwendet, oder das Antlitz Gottes, auf das man den andern verweisen möchte.

Das Kreuz ist seit den ersten christlichen Jahrhunderten üblich. Es war ein Schutzmittel gegen das Böse und zugleich ein Zeichen des Bekenntnisses zu Jesus Christus, den Gekreuzigten. Cyrill von Jerusalem schreibt in seinen Katechesen: „Schämen wir uns also nicht, den Gekreuzigten zu bekennen! Besiegeln wir vertrauensvoll mit den Fingern die Stirne, machen wir das Kreuzzeichen auf alles, auf das Brot, das wir essen, über den Kelch, den wir trinken! Machen wir es beim Kommen und Gehen, vor dem Schlafe, beim Niederlegen und Aufstehen, beim Gehen und Ruhen. Groß ist dieses Schutzmittel."[19] Das Kreuzzeichen hat die Christen also überall hin in den Alltag begleitet. In ihm haben sie die Erlösung durch das Kreuz Christi in alle Bereiche ihres Lebens fließen lassen. Alles stand durch dieses Zeichen unter dem Schutz Jesu, unter seinem Segen, unter seiner Liebe. Sicher wurde auch dieses Zeichen oft oberflächlich gemacht. Aber es ist doch ein schöner Brauch, morgens mit dem Kreuzzeichen aufzustehen und das Brot, bevor man es aufschneidet, mit dem Kreuz zu bezeichnen.

Das Kreuzzeichen wirkt nicht aus sich, sondern weil es mit einem Inhalt gefüllt ist, weil es an das Kreuz Christi erinnert, weil es im Kreuz Jesu das Heil und die Erlösung als den Gipfel der Liebe Gottes zu uns Menschen und den Sieg Jesu über das Böse und über den Tod sieht. Und im Zeichen des Kreuzes berührt uns die Erlösung Jesu, sie berührt unsern Leib, die Menschen um uns herum, alle Gegenstände unseres Lebens und all unser Tun. Das Kreuzzeichen nimmt die Inkarnation Gottes ernst. Überall will Gott leibhaft erscheinen.

Damit eine so vertraute Gebärde nicht zur bloßen Routine wird, müssen wir sie ab und zu einmal bewußt üben. Was geschieht mit uns, wenn wir das Kreuz ganz langsam und bewußt machen? Wir können dabei das Kreuzzeichen mit der üblichen Formel „Im Namen des Vaters und des Sohnes und des hl. Geistes" verbinden oder einfach nur das Zeichen bewußt machen. Ursprünglich wurde das Zeichen ohne Formel vollzogen. Und manchmal wirkt die Formel auch störend. Es genügt dann, sich einfach langsam und wach mit dem Kreuz zu bezeichnen. Die Gebärde an sich als Symbol für das Kreuz Jesu wirkt schon, ohne daß wir sie mit Worten verbinden müssen. Die Erinnerung an das Geheimnis des Kreuzes, das man auch nicht mit Worten ausschöpfen kann, läßt uns in diesem Zeichen etwas von Heil und Segen, von Schutz und Geborgenheit erfahren.

Ein weit verbreiteter Brauch ist es, beim Betreten der Kirche Weihwasser zu nehmen und sich damit zu bekreuzen. Es ist eine Erinnerung an die eigene Taufe, in der wir im Wasser wiedergeboren wurden in eine neue Existenz hinein. Das Wasser hat unsere Schuld abgewaschen. Und in ihm wurden wir mit Christus begraben, um mit ihm aufzuerstehen in das Leben Gottes, das uns in der Taufe zuteil wird. Wenn wir diesen Brauch bewußt vollziehen, kann er uns immer wieder daran erinnern, wer wir eigentlich sind, daß wir nicht aus den Menschen geboren sind, weder aus ihrer Anerkennung noch aus ihrer Zuwendung, sondern daß wir aus Gott geboren sind, daß wir gottunmittelbar sind, eingetaucht in das göttliche Leben.

3. Verbeugung — Knien — Prostratio

Neben dem aufrechten Stehen vor Gott kennen alle Völker Gebetsgebärden, in denen der Mensch sich vor Gott verneigt und sich vor ihm kleiner macht, indem er vor ihm niederkniet oder gar niederfällt. All diese Gebärden drücken die Ehrfurcht vor dem Geheimnis Gottes aus. Und es sind Gebärden der Anbetung. In der Anbetung hört der Mensch auf, Gott um etwas zu bitten. Er schaut nicht mehr auf sich, sondern nur auf den unendlichen Gott, vor dem er sich verneigt oder niederfällt. In dieser Gebärde lassen wir das Kreisen um uns los, wir hören auf, uns zu loben und uns zu tadeln, wir gehen ganz auf in der Gebärde vor dem großen Gott. Weil er uns ergriffen hat, weil seine Gegenwart so mächtig ist, verbeugen wir uns vor ihm, und indem wir nicht mehr auf uns schauen, sondern auf Gott, werden wir wirklich frei von uns. Wir erfahren, daß unsere Vollendung darin besteht, uns selbst vergessen zu können und nur noch von Gott erfaßt und erfüllt zu sein. Dann sind wir ganz gegenwärtig, ganz da, ganz wir selbst. Dann treffen die Verse Tersteegens zu: „Gott ist in der Mitten. Alles in uns schweige und sich innigst vor ihm beuge."[20] Wenn alles in uns schweigt, weil Gott so dicht vor uns steht, dann sind wir wirklich angekommen, dann sind wir daheim. Die Bibel kennt alle drei Gebetsgebärden als Ausdruck flehentlichen Bittens und ehrfürchtiger Hingabe. Der Beter drückt seine eigene Ohnmacht vor Gott aus und vertraut darauf, daß Gott das Unmögliche tut. So heißt es 2 Makk 10,4: „Dann warfen sie sich auf die Erde nieder und flehten zum Herrn." David verneigt sich vor Saul bis zur Erde und wirft sich vor ihm nieder, um seine Ehrfurcht dem Gesalbten des Herrn zu bezeugen (1 Sam 24,9). Im NT fällt der Aussätzige vor Jesus nieder, um ihn anzuflehen, daß er ihn rein mache (Mk 1,40). Am Ölberg fällt Jesus selbst auf die Knie, um inständig zu beten (Lk 22,41). Paulus beugt seine Knie vor dem Vater Jesu Christi (Eph 3,14). Und im Philipperbrief preist er die Erhöhung Jesu durch den Vater mit den Worten: Gott hat Jesus Christus über alle erhöht, „damit alle im Himmel, auf der Erde und unter der Erde ihre Knie beugen vor dem Namen Jesu" (Phil 2,10).

a) Sich verbeugen

Als Übung stehen wir bewußt aufrecht. Wir stellen uns vor, wir stehen vor Gott als seine Partner. Gott schaut uns an. Dann neigen wir bewußt den Kopf und spüren nach, was das in uns auslöst. Dann heben wir den Kopf wieder, schauen Gott wieder als Partner an. Jetzt beugen wir langsam Kopf und Schultern und fühlen uns in diese Gebärde hinein. Wir können dabei verschiedene Handhaltungen ausprobieren, die Hände fallen lassen, oder die Hände locker über dem Bauch kreuzen, oder aber über der Brust gekreuzt halten. Jedesmal wird die Gebärde etwas anderes ausdrücken. Wir brauchen dabei keine Gebete zu sprechen, sondern sollen einfach ganz im Leib sein. Die Gebärde ist Gebet genug. Wir können uns dabei fragen: wie erlebe ich mich, wie erlebe ich Gott und wie erlebe ich meine Beziehung zu Gott? Oder wir können in diese Gebärde ganz bewußt unsere Liebe zu Gott hineinlegen, oder den Schmerz, der uns gerade drückt, den Schmerz über unser eigenes Versagen, unsere Enttäuschung, oder aber auch unsere Sehnsucht. Je nachdem, welches Gefühl wir in die Gebärde hineinlegen, werden wir sie anders erleben. Jede Gebärde läßt sich mit verschiedenen Inhalten füllen. Sie ist nie eindeutig festgelegt, sondern offen, viele Erfahrungen auszudrücken und sie im Ausdrücken zugleich zu verwandeln.

Wir richten uns wieder auf und schauen Gott wieder an, spüren den Unterschied zwischen dem Aufrechtstehen als Partner und dem Sichverbeugen. Dann verbeugen wir uns tief, bis der Oberkörper im rechten Winkel zu den Beinen ist. Die Hände können wir entweder fallen lassen oder vor dem Bauch ineinander verschränken. In dieser Haltung sollten wir länger verweilen, uns da hinein spüren, wie wir uns so vor Gott fühlen. Wenn ich am Ende eines jeden Psalmes beim Chorgebet diese tiefe Verneigung mache, ist sie für mich ein tiefes Gebet. Gerade in der Morgenhore sammle ich in dieser Gebärde meine Ehrfurcht vor Gott, die während des Psalmes oft von der Müdigkeit überdeckt war. In dieser Verbeugung bin ich dann ganz gegenwärtig und weiß, um was es in dieser morgendlichen Stunde geht, um die Auslieferung an Gott.

Die Mönchsväter in der Wüste machten die Verbeugungen nicht nur am Ende eines Psalmes, sondern sie hatten Gebetsübungen, bei denen sie sich pausenlos verbeugten. So wird vom Styliten Simeon berichtet: „Lange Zeit steht er aufrecht da und dann begibt er sich in die gebeugte Stellung, Gott die Anbetung darbringend. Vielfach pflegen die Pilger die Verbeugungen zu zählen. Einmal zählte einer meiner Begleiter 1244. Dann wurde er müde und stellte die Zählung ein. Wenn er sich aber bückt, neigt er die Stirn stets bis zu den Zehen."[21] Wenn wir das einmal üben, spüren wir, wie uns das durch und durch geht, wie es uns rein spült von allen inneren Blockaden, von unsern Lieblingsgedanken. Das kann man nicht machen, ohne daß in unserm Herzen etwas in Bewegung kommt. Zuletzt fühlen wir uns wund geschlagen, aber ganz offen für Gott, demütig und zugleich frei.

b) Knien

Beim Knien gibt es zwei Gebärden: die Kniebeuge und das Knien als Dauerhaltung. In der Liturgie der Urkirche hatte das Knien keine große Bedeutung. Man ehrte Gott vor allem mit Verneigungen. Auch in der offiziellen Liturgie ist das Knien kaum vorgesehen. Und doch ist es für das Volk die gebräuchliche Gebetshaltung geworden. Die Gefahr besteht allerdings, daß es zu einseitig als einzige Gebärde gesehen wird. Dann fehlen die Aspekte des frei vor Gott Stehens, als Partner und Auferstandener. Aber das Knien drückt einen wesentlichen Aspekt des Gebetes aus, die Demut und Ehrfurcht vor dem großen Gott.

Was Knien in uns bewirkt, erfahren wir, wenn wir zuvor bewußt wieder aufrecht vor Gott stehen, vor Gott zu uns selbst stehen. Dann gehen wir langsam in die Knie. Wir werden kleiner. Wir knien auf dem Boden und erfahren etwas von unserer Kleinheit vor Gott. Das erfahren wir aber nur, wenn wir wirklich auf dem Boden knien und nicht auf Kniebänken, die uns das Wesen des Kniens verfälschen. Wir können ein paar Minuten einfach daknien, die Hände lose fallen lassen. Dann können wir die verschiedensten Gebärden mit den Händen einnehmen, die Orantehaltung, die Haltung der offenen Schale oder die Hände flach nach vorne haltend in der Kreuzgebärde, oder mit gefalteten oder verschränkten oder vor der Brust gekreuzten Händen. Wir brauchen dann keine Worte zu machen, sondern beten einfach mit unserm Leib. Wir drücken aus, was gerade in uns ist. Oder wir probieren Gebärden und horchen in uns hinein, was sie in uns auslösen. Allein durch die Gebärde kann ein lebendiger Dialog mit Gott entstehen, ein Dialog ohne Worte. Wir können das Knien auch mit einer Verbeugung verbinden, zuerst mit der Verneigung des Kopfes, am besten mit gefalteten Händen. Das ist eine stille Gebärde der Anbetung. Oder wir verbeugen uns so tief, daß wir mit der Stirn den Boden berühren. In dieser Haltung erahnen wir, was es heißt, sich selbst zu vergessen, das Kreisen um sich selbst aufzugeben, einfach vor Gott niederzufallen und ihn anzubeten.

c) Prostratio

Das Niederfallen vor Gott ist in allen Religionen üblich, besonders verbreitet ist es im Islam. Das AT berichtet, daß Abraham vor Gott auf sein Antlitz fiel, als ihm Gott begegnete (Gen 17,3; 24,26) Christus fiel am Ölberg auf sein Angesicht und betete. (Mt 26,39). In der frühen Kirche und vor allem im Mittelalter war die Prostration bei vielen Glaubenden sehr beliebt. Heute trifft sie in der Liturgie nur noch am Karfreitag und bei den

Weihen zum Diakon, Priester, Abt und Bischof, sowie bei der Profeß. Die Prostration drückt Demut aus, Unterwerfung, Hingabe, Ohnmacht. Wir bekennen, daß wir Staub sind.

Die Gebärde üben wir, indem wir wieder vom aufrechten Stehen oder auch vom Knien aus uns auf den Boden legen. Wir winkeln die Arme ab, so daß wir die beiden Hände vor der Stirn auf den Boden legen, die Stirn auf die Hände gestützt. Dann horchen wir in diese Gebärde hinein. Vielleicht ahnen wir etwas davon, was sie ausdrücken will. Wir beten Gott an mit unserem ganzen Leib. Mir kommt in dieser Gebärde oft der Psalmvers in den Sinn: „Nach dir schmachtet mein Leib, wie dürres, lechzendes Land ohne Wasser." (Ps 63,2). Ich werde dann lebendig und spüre, daß ich mit dem ganzen Leib mich auf Gott hin ausstrecke und mich nach ihm sehne. In diese Gebärde ist meine Vitalität und Sexualität einbezogen. In der Sexualität sehnen wir uns ja nach größerer Lebendigkeit. Durch das Einswerden mit dem Partner möchten wir uns ganz lebendig fühlen. Etwas von dieser Lebendigkeit kann ich in der prostratio spüren. Meine ganze Sehnsucht nach Einswerden mit dem Numinosen, auf das ja letztlich die sexuelle Vereinigung zielt, kann ich in diese Gebärde hineinlegen. Dann ahne ich, daß allein Gott meine tiefste Sehnsucht stillen kann, und ich spüre es mit meinem Leib und allen meinen Sinnen. Ich bete Gott an auch mit meiner Sexualität.

Aber manchmal spüre ich auch mehr den andern Aspekt dieser Gebärde: „Ich bin ein Wurm, kein Mensch, der Leute Spott, vom Volk verachtet." (Ps 22,7) Dann erfahre ich meine tiefe Ohnmacht, daß ich mir selbst nicht helfen kann, daß ich Staub bin und daß Gott mich aus dem Staub emporheben muß, damit ich leben kann.

Wenn dieser Ritus in der Liturgie trifft, dann drückt er die höchste Betroffenheit aus. Wenn der zu weihende Priester oder Abt sich vor allen Leuten so auf den Boden legt und die Allerheiligenlitanei über ihm gebetet wird, dann spürt man deutlich, daß das Amt des Priester oder Abtes nicht eigenes Verdienst ist, sondern daß alles Gnade ist, daß Gott uns aus dem Staub erhebt und uns erhöht, uns auf Thronen setzt. Unsere Autorität haben wir von ihm empfangen. Wir dürfen auch in unserm Amt schwach sein, weil er uns aufrichtet und uns seinen Geist sendet, aus dem heraus wir reden und handeln.

4. Sitzen

Bei vielen Völkern ist auch das Sitzen eine Gebetshaltung. Das Sitzen ist vor allem im hinduistischen Yoga, im buddhistischen Zen und im christlichen Hesychasmus die zentrale Gebärde bei der Meditation. Man meditiert sitzend, in sich gesammelt, vor Gott nach innen horchend, in die Stille lauschend, in Gott versunken. Auch im frühen Mönchtum war das Sitzen eine wichtige Gebärde der Meditation. Die Mönche werden manchmal als die bezeichnet, die in der Wüste oder in ihrer Zelle sitzen, bewußt den Bewegungsdrang aufgeben, sich vor Gott aushalten und im Sitzen auf Gott hören und mit ihm eins werden möchten. In der frühen Kirche saß man gewöhnlich zum Gottesdienst. Doch zu den eigentlichen Gebeten stand man auf.

In der Bibel werden verschiedene Aspekte des Sitzens angesprochen. Man sitzt zusammen zum

Mahl (Ri 19,6). Sitzen ist Zeichen eines friedlichen Miteinanders. So heißt es beim Propheten Micha: „Jeder sitzt unter seinem Weinstock und unter seinem Feigenbaum und niemand schreckt ihn auf." (Mi 4,4). Viele Stellen sprechen aber auch vom Sitzen als einer Gebärde der Trauer, der Einsamkeit und der Zerknirschung. Elija setzt sich unter einen Ginsterstrauch und wünscht sich den Tod (1 Kön 19,4). Man setzt sich nieder, um zu weinen und zu klagen (Gen 21,16; Neh 1,4) Von Hiob heißt es: „Er setzte sich mitten in die Asche" (Jiob 2,8). Und im Ps 137,1: „An den Strömen von Babel, da saßen wir und weinten." Der Prophet Jesaja fordert die Stadt Babel auf: „Steig herab, Tochter Babel, setz dich in den Staub." (Jes 47,1). „Setz dich hin und verstumme." (Jes. 47,5). Der Prophet Jeremia sagt von sich: „Ich sitze nicht heiter im Kreis der Fröhlichen. Von deiner Hand gepackt sitze ich einsam." (Jer 15,17). Und in den Klageliedern heißt es: „Am Boden sitzen verstummt die Ältesten der Tochter Sion." (Klgl 2, 102). „Er sitze einsam und schweige, wenn der Herr es ihm auferlegt." (Klgl 3, 28)

Andere Stellen beschreiben das Sitzen als Thronen. Von Gott heißt es immer wieder: „Der auf den Kerubim thront." (1 Sam 4,4). Und viele Visionen sehen Gott auf dem Throne sitzen. (1 Kön 22,19). Aber auch der Mensch darf thronen: „Dein Sohn Salomo soll auf meinem Thron sitzen." (1 Kön 1,13). Im AT gilt das nur vom König, im NT verheißt es Christus uns allen: „Ihr werdet auf 12 Thronen sitzen und die 12 Stämme Israels richten." (Mt 19,28) Christus ist der, der auf dem Throne sitzt. „Ihr werdet den Menschensohn zur Rechten der Macht sitzen sehen." (Mt 26,64). Und die Offenbarung spricht von

Christus immer als von dem, der auf dem Throne sitzt (Offb. 4,2; 4,9) „Ihm, der auf dem Throne sitzt, gebühren Lob und Ehre, Herrlichkeit und Kraft in alle Ewigkeit." (Offb 5,13) Während seines Lebens sitzt Jesus vor allem, wenn er seine Jünger belehrt (Mt 5,1). Und für uns ist das Sitzen eine Haltung des Nachdenkens und des Lauschens auf den Herrn. „Maria setzte sich dem Herrn zu Füßen und hörte seinen Worten zu." (Lk 10,39)

Wir können die 3 Aspekte üben: das Sitzen als Thronen, als Horchen und Meditieren und das Sitzen in der Asche als Zeichen von Trauer und Reue. Auf dem eigenen Misthaufen sitzen, wie es Hiob oder Jeremia beschreibt (Jer 48,18), können wir üben, indem wir uns auf die Erde setzen, die Knie angezogen, mit den Händen umschlungen und das Gesicht auf die Knie gedrückt. In dieser Haltung spüren wir, daß wir Sünder sind, die auf Gottes Barmherzigkeit angewiesen sind. Wir erleben uns in unserem Elend, halten uns vor Gott aus, trauernd über uns und unsere Schuld, verstummt, weil wir unser Leben nicht verstehen, weil wir manche Schicksalsschläge nicht begreifen. Wir lassen die Enttäuschung über uns selbst zu. Für die alten Mönche gehört zu dieser Haltung das Weinen, das einen befreit von allem inneren Unrat. Aber das Weinen kann man nicht einfach machen. Es muß von selbst kommen.

Das Sitzen als Lauschen auf Gottes Wort, als Meditieren und sich in Gottes Gegenwart versenken, braucht eine andere Haltung. Hier sitzen wir am besten auf einem harten Kissen oder Schemel, aufrecht und doch locker, die Knie weit nach außen auf den Boden, die Hände in den Schoß legend, die linke in die rechte, so daß die Daumen sich leicht berühren, das Kinn locker nach unten fallen lassend, die Augen etwa 1–2 m vor sich auf den Boden gerichtet, halb geschlossen. Dabei können wir auf den Atem achten, das Bewußtsein nach innen lenken und uns von der ruhigen Bewegung des Atems selbst in die Ruhe führen lassen. In dieser Haltung sind wir empfangsbereit. Wenn wir während der Liturgie so aufrecht und gesammelt in der Bank sitzen, dann kann das Wort Gottes in den Lesungen tief in uns hineinfallen. Wir hören dann nicht nur mit den Ohren und mit dem Kopf, sondern mit dem Herzen, mit dem ganzen Leib. Das Wort Gottes kann uns treffen und verwandeln.

Wir können aber das Sitzen selbst zum Gebet machen, indem wir in dieser meditativen Haltung das Jesusgebet beten oder ein Wort aus der Heiligen Schrift mit dem Atem verbinden und es etwa 20 bis 30 Min. lang wiederholen. Das Sitzen ist die Gebärde der Meditation, es ist ein waches Sitzen, offen für das, was im Schweigen in uns hochsteigt, aber auch offen für das, was Gott uns im Schweigen sagen will. Wir wollen hier nicht auf die verschiedenen Methoden der Meditation eingehen. Wir können entweder die reine Schweigemeditation üben, wie sie im Zen üblich ist, wo es vor allem darauf ankommt, alle Gedanken loszulassen, um schweigend ganz gegenwärtig zu werden, oder die christlichen Formen der Meditation und Kontemplation. Die bei den Mönchen übliche Form ist dabei die ruminatio, das Wiederkäuen eines Schriftwortes, das mit dem Atem verbunden wird und in uns den Raum schaffen soll, in dem wir Gott erahnen und spüren. Wir sollen über das Wort nicht nachdenken, sondern es mit liebender Aufmerksamkeit und Hingabe verbinden, zu einem Weg zu Gott machen. So führt es uns immer tiefer in Gott hinein.

Das Wort schließt uns den Raum zum wortlosen Geheimnis Gottes auf. Eine andere, aus der Mystik kommende Form der christlichen Meditation wäre, in sich auf das Schweigen zu horchen, das schon in uns ist. In jedem von uns, so meint Meister Eckehart, ist schon ein Ort, an dem es ganz still ist, an den niemand und nichts Zutritt hat, weder unsere Mitmenschen mit ihren Wünschen, noch unsere eigenen Gedanken, Emotionen und Pläne, sondern allein Gott. Es ist der Ort, an dem Gott in uns wohnt und immer neu geboren werden will.

Ein anderes Bild, mit dem wir meditieren könnten, wäre das Angeschautwerden durch Gott. Wir stellen uns vor, daß Gott uns wohlwollend anschaut, oder daß er uns anstrahlt und durchscheint wie die Sonne. Es hilft uns, wenn wir uns zum Licht oder zur Sonne hin setzen, die Augen leicht schließen und uns vorstellen, daß Gottes liebender Blick wie die Strahlen der Sonne durch uns hindurchgeht, durch die Wangen, den Kopf, den Hals, die Schultern, die Brust, den Unterleib, bis hinein in die Füße und Hände. Gott sieht überall wohlwollend hin, auch dorthin, wo wir gar nicht gerne hinschauen, weil da unbewältigte Probleme liegen, Schattenseiten, die wir nicht wahrhaben wollen. So kann uns diese Meditation helfen, uns selbst anzuschauen und anzunehmen. Wir müssen dabei nicht ein bestimmtes Gefühl erzeugen. Es braucht gar nichts zu geschehen. Wir gönnen uns einfach, mit diesem Bild dazusitzen, uns von Gott lieben zu lassen, ohne daß wir etwas dazu tun müßten. Wir lassen nur die Wirklichkeit der Liebe Gottes an uns heran. Es kann sein, daß wir dann spüren, wie wir innerlich warm werden und locker, weit und hell. Aber es kann auch sein, daß wir nicht viel spüren. Das

Gefühl kann man bei der Meditation nicht erzwingen. Es kommt auch nicht in erster Linie darauf an. Wir sollen nur die Wirklichkeit, an die wir glauben, in uns einlassen, sie ausprobieren.

Eine andere Weise des Sitzens ist das Thronen. Wir sitzen bewußt aufrecht und stellen uns vor, daß wir teilhaben an der Herrschaft Christi über das Böse, über den Tod, über die Feinde unserer Seele. Im Thronen spüren wir unsere Würde. Wir sind Königssöhne, mit göttlichem Leben erfüllt, von seinem Geist durchdrungen. Wir thronen aus Gnade, nicht aus eigener Leistung. Gott hat uns aus dem Staub erhöht und und uns auf den Thron gesetzt. Wenn wir uns in diese Gebärde einlassen, ahnen wir etwas vom Geheimnis unserer Erlösung. Und wir spüren, wie uns das gut tut, wie wir uns neu erleben, weit und frei, in Verbindung mit Gott und mit unserm eigentlichen Kern. Wir ahnen etwas von dem Vertrauen, das Christus uns schenkt, weil wir mit ihm schon teilhaben am Sieg über alles, was uns schaden kann. Jetzt kann uns nichts mehr schaden, nichts mehr kann uns scheiden von der Gemeinschaft mit Jesus Christus: „weder Tod noch Leben, weder Engel noch Mächte, weder Gegenwärtiges noch Zukünftiges, weder Gewalten der Höhe und Tiefe noch irgendeine andere Kreatur." (Röm 8,38 f)

5. Das Schreiten

Täglich ziehen die Mönche feierlich zum Chorgebet ein. Das langsame bewußte Schreiten ist eine Gebetsgebärde. Wir üben im Schreiten ein, daß wir immer auf dem Weg sind und auf Gott zugehen. Mit jedem Schritt kommen wir Gott näher. Wir erfahren uns als Pilger, aber zugleich als Menschen, die gehend sich wandeln, die hineingenommen werden in den Weg Jesu, der über das Kreuz zur Auferstehung führt. Das Schreiten wird als Gebetsgebärde noch in den Prozessionen geübt, die die Liturgie kennt und die in der Volksfrömmigkeit so beliebt sind. In der Prozession begleiten wir Jesus Christus und folgen ihm als unserem Herrn nach. Im Gehen üben wir uns ein in seine Nachfolge.

Wir können auch bewußt schreiten, wenn wir zum Gottesdienst die Kirche betreten. Dann ist unser Gehen ein Gehen auf Gott zu. Wir treten an ihn heran, wir kommen ihm näher, wir betreten bewußt seinen Bereich. Früher war dieser Aspekt im Stufengebet noch lebendig: „Zum Altare Gottes will ich treten, zu Gott, der meine Jugend erfreut." (Ps 43,4) Eine Form des Schreitens wäre auch der Gang zur Kommunion. Wir gehen nicht einfach zur Kommunionbank, um dort zu sein, sondern wir schreiten bewußt zur Begegnung mit Christus. Wie die Kranken im Evangelium gehen wir auf Jesus zu, um von ihm Heil und Heilung zu erwarten. Wir gehen aus uns heraus, wir werfen wie der blinde Bartimäus unsern Mantel, unsere Rolle ab, um uns so, wie wir sind, ganz Jesus zuzuwenden, der allein unsere Wunden zu heilen vermag.

6. Andere liturgische Gebärden

Wir wollen nur noch kurz andere liturgische Gebärden streifen. Da ist einmal der Friedensgruß, der in der Mönchsliturgie immer üblich war und sich jetzt auch in vielen Gemeinden wieder durchgesetzt hat. Meistens geben sich die Gläubigen zum Friedensgruß die Hand. Bei Gruppengottesdienst umarmen sich die Teilnehmer oft. In der klösterlichen Liturgie hat der Friedensgruß eine andere Form. Da faltet man zuerst die Hände und verbeugt sich vor dem, der einem den Friedensgruß durch Umarmung gibt. Dann verbeugt man sich gegenseitig und dreht sich zum Nachbarn um, um ihm den Friedensgruß weiterzugeben. In dieser Gebärde kommt die Ehrfurcht vor dem andern zum Ausdruck. Und die Umarmung bekommt dann eine Form, die beides zuläßt: Ehrfurcht und Herzlichkeit. Man wird in der Umarmung nicht vereinnahmt, wie das häufig bei Gruppengottesdiensten ist. Man spürt etwas vom Geheimnis des andern, das man auch in der Umarmung gelten läßt.

Die Liturgie kennt auch den Kuß als Gruß. Da wird das Evangelienbuch geküßt oder der Altar oder die Stola, bevor man sie anzieht. Der Kuß ist eine intime Gebärde. Wenn ich den Altar küsse, so ist in dieser Gebärde zugleich Ehrfurcht wie Zärtlichkeit und Liebe, die Ahnung, daß Gott uns menschlich nahe gekommen ist, so daß wir ihn berühren und küssen dürfen. Der Kuß läßt den Altar, das Evangelienbuch, die Stola mit andern Augen sehen und anders erleben. Es sind keine toten Gegenstände, sondern Träger der göttlichen Gegenwart. Ja Jesus Christus selbst begegnet uns darin. Durch seine Menschwerdung ist alles heiliges Altargerät geworden, wie Benedikt es vom gesamten Gerät des Klosters sagt. Der Kuß drückt den Glauben an die Verwandlung der Welt durch die Menschwerdung Gottes leibhaft aus.

Wir können die intime Gebärde des Kusses daheim üben, um unsere Liebe zu Christus auszudrücken, etwa wenn wir ein Kreuz, eine Ikone oder eine Medaille küssen. Dann atmet unser Glaube etwas von Initmität und Zärtlichkeit. Die intimste Geste, die wir als Ausdruck zwischenmenschlicher Liebe kennen, nehmen wir auch, um unsere Liebe zu Gott und zu seinem menschgewordenen Sohn zu zeigen. Das tut unserer Seele gut.

Im Gottesdienst brennen Kerzen. Sie haben nicht mehr die Funktion, uns das Licht zum Lesen der Texte zu spenden. Sie brennen, um uns das Licht Jesu Christi erfahren zu lassen, das Licht, das Helligkeit und Wärme spendet, in dem die Liebe Gottes erfahrbar wird. Die Kerzen setzen eine andere Wirklichkeit gegenwärtig als das elektrische Licht. Sie schaffen eine Atmosphäre der Geborgenheit und des Geheimnisses. Jugendliche zünden sich gerne Kerzen an, um vor ihnen zu meditieren. Ein schöner Brauch ist auch, für den andern eine Kerze anzuzünden. In den Wallfahrtsorten zünden die Pilger oft eine Kerze in bestimmten Anliegen oder für bestimmte Menschen an. Ich kann aber auch in meinem Zimmer eine Kerze bewußt für einen andern anzünden. Dann ist die Kerze Symbol seiner Gegenwart. Ich werde intensiver an ihn denken. Denn immer wieder werde ich durch die Kerze an ihn erinnert. Die Kerze läßt mir den andern in einem neuen Licht erscheinen. Ich könnte mir ja auch seinen Namen aufschreiben, um ihn nicht zu vergessen. Wenn ich eine Kerze für ihn anzünde, dann sehe ich ihn in einem hoffnungsvollen Licht, dann sehe ich ihn im Licht Christi, von Christi Gegenwart umgeben, erleuchtet. Das intensiviert mein Gebet und gibt mir eine neue Sicht des andern, so daß ich in der Begegnung seinem Geheimnis und seinem Wesen eher gerecht werden kann.

III. Erschließung biblischer Texte durch Gebärden

In unsern Kursen haben wir gute Erfahrungen mit dem Einsatz von Gebärden bei der Erarbeitung biblischer Texte gemacht. Wenn wir einen Text nicht nur durch stille Arbeit und im gegenseitigen Gespräch erschließen, sondern durch Gebärden, dann spüren wir noch intensiver, daß es in den Texten wirklich um uns geht, daß der Text uns nicht zuerst eine Information liefern will, sondern daß er uns zu einem neuen Selbstverständnis und zu einer neuen Selbsterfahrung führen will. Die Bibel könnte uns zu heilsameren Selbsterfahrungen verhelfen als viele Selbsterfahrungsgruppen, die nur auf psychologischer Ebene arbeiten. Die Bibel vermittelt uns die Selbsterfahrung des erlösten und durch Christus geheilten Menschen. Sie zeigt uns unser wahres Geheimnis, unsere tiefste Bestimmung, unsere Freiheit und Würde. Das soll nur an ein paar Beispielen aufgezeigt werden. Es bleibt der Phantasie jedes Lesers überlassen, andere Bibelstellen in ähnlicher Weise zu erschließen. Dabei geht es nicht um Bibliodrama, in dem Schrifttexte im Spiel persönlich erarbeitet werden, sondern nur um symbolische Gesten und Gebärden, die sich vom Text her aufdrängen.

In den Kartagen meditierte ich mit Jugendlichen die Gerichtszene, in der Jesus von den Hohenpriestern und von Pilatus befragt wird (Joh 18,19–24, 28–37). Wir haben uns zuerst in einer stillen Arbeit gefragt, was unsere Hohenpriester sind, die uns fertig machen, lächerlich machen, die uns verurteilen und uns Schuldgefühle einimpfen wollen. Oft sind es die Stimmen unseres Überichs, unseres Perfektionsgeistes, der uns ständig vorsagt: das kannst du doch nicht machen, so etwas darfst du gar nicht denken, geschweige denn sagen. Wie kannst du nur usw. Wir reagieren auf solche Anklagen meist mit Schuldgefühlen. Wir ziehen den Kopf ein und versuchen, uns zu entschuldigen. Jesus reagiert souverän. Mitten in der Passion bleibt er innerlich unangetastet, überlegen. Der Grund seiner Souveränität liegt in seiner Selbstaussage: „Mein Königtum ist nicht von dieser Welt." (Jo 18,38). Das wäre auch für uns der Weg, mitten in unserer Passion, mitten in den Anschuldigungen unserer Hohenpriester in uns und um uns, mitten in unserem Versagen, in unserer Krankheit und Schwäche eine unantastbare Würde in uns zu spüren, eine Würde, die uns niemand rauben kann.

Um diese unantastbare Würde in uns spüren, haben wir uns ein Holzklötzchen gleichsam als Krone auf den Kopf gelegt. Mit der Krone auf dem Kopf stehe ich ganz anders da. Da ahne ich etwas von Würde, die ich als Mensch habe. Da verstehe ich, daß ich ein Königssohn, eine Königstochter bin. Wir sind dann mit der Krone auf dem Kopf durch den Raum gegangen, jeder für sich. Wir haben uns dabei die verschiedensten Situationen vorgestellt, die Begegnung mit Menschen, vor denen wir uns oft klein fühlen, Fehler, die wir gemacht haben, Konflikte, Krankheiten. Das aufrechte Gehen erzeugt in uns eine andere innere Haltung. Wenn wir mit dieser Haltung in die vorgestellten Situationen gingen, würden wir sie anders bestehen. Wir würden spüren, daß kein Mensch über unser inneres Geheimnis Macht hat, daß in uns ein Ort ist, an den niemand Zutritt hat. Wir spüren, wie Lasten abfallen, Ängste sich auflösen. Wir atmen auf, wir fühlen uns weit und frei. Das ist die Erfahrung der Erlösung, die Christus uns durch sein Leiden, seinen Tod und seine Auferstehung gebracht hat. In dieser Gebärde geht uns das Geheimnis unserer Erlösung intensiver auf als durch Sprechen darüber. Der biblische Text, erschlossen durch die Gebärde, hat uns in die Selbsterfahrung der Erlösung hineingeführt, in die Erfahrung, daß in uns eine unantastbare Würde ist, die nicht zerstört werden kann, weder durch Menschen, noch durch Krankheit oder Tod.

Die Geschichte von der Vertreibung der Händler aus dem Tempel (Joh 2,13—20) haben wir uns dadurch erschlossen, daß wir uns gegenseitig den Rücken abgeklopft haben, als Bild für die Händler, die aus uns vertrieben werden müssen. Unsere Händler sind die lärmenden Gedanken, die in uns herumschreien. Das ist die Haltung des Sichvergleichens und Sichmessens, das Rechnen, in welcher Währung wir gehandelt werden, was unser Kaufwert auf dem Markt ist, wie wir gewechselt werden. Eine Markthalle ist gekennzeichnet durch dicke Mauern. Man muß sich gegen Einbrecher schützen. So ist unser Leib oft abgeschottet gegenüber den andern, verschlossen, hart. Der Tempel dagegen ist weit. Da sind die Tore offen. Da kann ich andern begegnen, da kann ich Gott selbst begegnen. Durch das intensive schweigende Abklopfen des Rückens wird der Leib weit, durchlässig. Wenn wir uns dann aufrichten und in den Raum hineinspüren, dann ahnen wir, was es heißt, daß wir Tempel Gottes sind, daß unser Leib der Ort der Herrlichkeit Gottes ist. Wir haben uns dann zur Meditation hingesetzt und erfahren, was wir durch die Menschwerdung Gottes geworden sind, daß wir keine Markthalle mehr sind, in der man sich vergleicht und sich voreinander verschließt, sondern Tempel Gottes, weit, hell, offen für Begegnung, mit Gottes Herrlichkeit erfüllt.

Bei den Gebetsgebärden haben wir schon von der Handauflegung gesprochen. Wenn wir eine Heilungsgeschichte dadurch erschließen, daß wir uns einander die Hände auflegen, so können wir verstehen, daß Jesus uns auch heute noch zu heilen vermag und daß er durch das Sakrament des Bruders an uns heilend handelt. Nehmen wir etwa die Heilung des Aussätzigen (Mk 1,40–45). Zunächst stellen wir uns vor, wo wir selbst aussätzig sind und uns nicht ausstehen können, wo in uns etwas ist, das wir verdrängen. Manchmal zeigt sich das dann an unserer Haut in Ausschlägen. Weil wir es in uns nicht wahrhaben wollen, macht es sich leibhaft bemerkbar. Nach der stillen Arbeit sucht sich jeder einen Partner, dem er zunächst erzählt, wo er sich aussätzig fühlt und sich nicht annehmen kann. Und er sagt ihm, wofür der andere beten soll. Dann machen wir erst eine Sensibilisierungsübung mit den Händen. Wir stehen aufrecht da. Die Hände legen wir in Bauchhöhe nahe zusammen, aber so, daß die Handflächen sich nicht berühren, also etwa 2 cm auseinander. Dann versuchen wir, mit einer Handfläche die andere zu spüren. Wenn wir den Kontakt wahrnehmen, bewegen wir die Handflächen langsam auseinander, aber so, daß wir uns immer wieder vergewissern, ob wir noch in Kontakt sind. Wir breiten sie etwa bis zur Körperbreite auseinander und schieben sie dann ganz langsam wieder zusammen. Dann schütteln wir die Hände aus. Jetzt kniet oder setzt sich ein Partner nieder. Der andere stellt sich vor ihn hin und faltet zuerst die Hände, als Zeichen, daß er durchlässig sein will für Gottes Geist. Dann breitet er schützend die Hände über den Kopf des andern aus, erst 10 cm über ihn, dann legt er die Hände fest auf den Kopf und betet etwa 5 Min. für ihn. Er kann mit inneren Worten beten oder einfach mit der Vorstellung, daß Gottes Geist durch seine Hände in all die Bereiche strömt, die der andere ihm offenbart hat. Zuletzt hebt er die Hände vom Kopf ab und hält sie noch einige Augenblicke in kurzem Abstand über den Kopf. Dann faltet er sie und verneigt sich vor dem Partner. Dann wechseln beide die Rollen, ohne miteinander zu sprechen. Wenn der andere in gleicher Weise gebetet hat, können sie sich einander im Gespräch austauschen. Diese Übung ist meist von einem tiefen und ernsten Schweigen geprägt. Die Teilnehmer spüren Ruhe, Schutz, es strömt etwas Heilendes in sie ein.

Die Heilung der Frau mit dem gekrümmten Rücken (Lk 13,10—17) könnte man in ähnlicher Weise erschließen. Einer könnte sich bewußt mit gekrümmten Rücken hinstellen und in sich hineinhorchen, wie er sich dabei fühlt, welche Haltungen seines Alltags da in ihm hochkommen. Der andere kann dann langsam beide Hände auf den Rücken des andern legen und ihn berühren. Dann legt er die Hände auf die Schultern und zieht sie langsam hoch, bis der andere ganz aufrecht steht. Er genießt dieses Aufrechtstehen. Christus hat ihn aufgerichtet. Er kann der Welt jetzt ins Auge sehen. Dann können beide schweigend herumgehen, bewußt aufrecht. So kann uns aufgehen, daß Jesus gekommen ist, uns aufzurichten. Wir sollen freie Menschen werden und uns nicht gegenseitig noch mehr aufbürden, noch mehr Aufgaben, noch mehr Erwartungen, noch mehr Schuldgefühle. Jesus läßt uns aufrecht gehen. Er befreit uns zu unserer wahren Würde.

Auch die Szene von der Begegnung zwischen Maria und Elisabeth haben (Lk 1,39—48) wir in eine Übung gebracht. Wir stehen uns in zwei Reihen einander gegenüber, so weit entfernt, wie es der Raum zuläßt. Wir sehen den Partner an, aber ohne ihn zu fixieren. Wir versuchen, ihn so anzuschauen, daß wir ihn sein lassen, wie er ist, voll Ehrfurcht, ohne ihn zu beurteilen, ohne ihn zu messen, ohne ihn vereinnahmen zu wollen.

Dann geht eine Reihe langsam auf die andere zu, dabei bewußt den Partner anschauend. Etwa 1 m vor dem andern verbeugt sich jeder und bleibt eine zeitlang in dieser Verbeugung. Er horcht in sich hinein, wie es ihm dabei geht, ob ihm die Gebärde hilft, wirklich an das Geheimnis im andern, an Christus in ihm zu glauben. Und der, der steht, versucht, die Verbeugung gegen sich gelten zu lassen. Er versucht, die Wirklichkeit in sich zuzulassen, die der andere durch seine Verbeugung ausdrückt. In ihm ist wirklich ein Geheimnis, das ihn übersteigt. In ihm ist ein göttlicher Kern, in ihm ist Christus selbst. Er kann damit nicht angeben. Es ist nicht sein Verdienst. Aber er darf es annehmen, daß in ihm etwas Wertvolles ist, vor dem sich der andere verbeugen kann. Dann richtet sich der andere langsam wieder auf, sieht den Partner an und prüft, ob die Gebärde seinen Glauben an Christus im andern vertieft hat. Dann geht er langsam zurück und der andere geht auf ihn zu. Man kann dieses Aufeinanderzugehen und Sichverbeugen ein paarmal wiederholen, eventuell auch anregen, daß man sich auch niederknien oder niederwerfen kann.

Dann übt man jedes Mal neu ein, was es heißt, aus sich heraus zu gehen, über die Berge der eigenen Vorurteile und Hemmungen zu gehen und an das Geheimnis im andern zu glauben.

Die Heilung des Besessenen von Gerasa (Mk 5,1–20) haben wir durch folgende Übung meditiert: Wir sind wieder in zwei Reihen einander gegenübergestanden. Die eine Seite hat die Augen geschlossen. Die andere Reihe schaut bewußt den Partner an, wohlwollend, den andern annehmend, wie er ist. Sie versucht, den Blick Jesu zu üben, der ohne Vorurteile an den guten Kern im andern glaubt. In der Heilungsgeschichte fallen ja die Wirrgeister aus dem Kranken heraus, weil Jesus an ihm festhält, weil er ihn immer wieder fragt: Wer bist du? Du bist nicht der, der sich so chaotisch gebärdet. Da muß noch etwas anderes sein. Du bist ein wertvoller Mensch, ein Sohn Gottes, von Gott geliebt. Dieser liebende Blick Jesu heilt den Kranken und gibt ihm die Möglichkeit, sich selbst anzunehmen, ganz zu werden. Diesen Blick üben wir ein. Wir sehen den andern von vorne an, gehen um ihn herum, um ihn auch von hinten, von seiner ungeschützten Seite anzublicken. Wer angeschaut wird, versucht, im Blick des andern den wohlwollenden und heilenden Blick Gottes an sich heranzulassen, ihn überall hindringen zu lassen, auch dorthin, wo er selbst gar nicht so gerne hinschaut, damit alles von Gottes liebendem Blick geheilt werden kann.

An unsern Osterkursen haben wir die Fußwaschung nachgespielt. Einer hat schweigend dem andern die Füße gewaschen. Es ist eine tiefe und intime Erfahrung, an seiner verwundbarsten Stelle angefaßt, zärtlich berührt und gewaschen zu werden. Oder wir haben das Symbol des Grabes meditiert. Wir haben uns auf den Boden gelegt, mit der Vorstellung, wir würden im Grab liegen, zusammen mit Christus, wir würden alles Tote in uns zurücklassen, die Wunden von Christus ausheilen lassen. Und Christus wird uns an der Hand nehmen und uns aufrichten. So haben wir uns langsam aufgerichtet, Stück für Stück das Leben des Auferstandenen in unsern Leib hineingelassen und dann mit geschlossenen Augen alle Gliedmaßen bewegt, gespürt, wie das Leben den ganzen Leib durchdringen will. Eine andere Gruppe hat die Erfahrung des Grabes anhand der Jonageschichte erschlossen. Die Teilnehmer haben einen engen Kreis gebildet. Einer nach dem andern konnte in die Mitte gehen, sich zusammenrollen und sich hineinspüren, wie er sich im Fischbauch fühlt, ob er sich darin behaglich einrichten möchte oder ob er heraus möchte. Jeder konnte seine persönliche Situation da im Bauch des Fisches spielen und dann versuchen, auszubrechen, ins Leben zu treten, die Auferstehung an sich zu erfahren. Und wer sich zu sehr im Fischbauch einrichten wollte, den hat die Gruppe selbst hinausgeworfen. In so einer symbolischen Übung konnten die Jugendlichen erfahren, was Auferstehung heißt, daß sie mit ihrem Leben zu tun hat, mit dem Mut, ins Leben zu treten, weil Gott selbst uns das Leben zutraut, in Gemeinschaft mit dem Auferstandenen.

So gäbe es noch viele Möglichkeiten, biblische Texte durch Gebärden zu erschließen. Es sollten hier nur Anstöße gegeben werden, selbst weiter zu suchen. Wenn man sich in die Schriftstellen hineinmeditiert, fallen einem schon genügend Möglichkeiten ein, sie mit dem ganzen Leib nachzuempfinden. Bevor man jedoch so eine Übung mit andern macht, muß man sie erst mal bei sich ausprobieren. Und nur was einem selber hilft, das kann man den andern zutrauen. Das Ziel sollte immer sein, daß wir mit Leib und Seele erfahren dürfen, daß Christus alle unsere Wunden heilt und alle Abgründe unserer Seele erleuchtet und zum Leben weckt.

Schluß

Unsere Kleinschrift möchte Mut machen, die Gebetsgebärden, wie sie uns die christliche Tradition überliefert hat, für sich persönlich zu üben, um nicht nur mit dem Kopf, sondern um mit Leib und Seele zu beten. Oft fehlen uns die Worte zum Beten, oft sind wir sprachlos einem Leid gegenüber. Da bieten uns die Gebärden eine gute Hilfe, unsere Situation vor Gott auszudrücken und sie ihm hinzuhalten. Oft sind wir in unserem Beten zerstreut. Wenn wir uns dann in den Leib hineinfühlen, etwa in die offenen Hände, dann sind wir gesammelt. Wir sind bei uns und so auch bei Gott.

Es wäre gut, wenn wir eine Gebärde einmal über längere Zeit hindurch Tag für Tag üben. Wir könnten uns etwa jeden Abend mit offenen Händen vor Gott stellen und ihm unsern Tag übergeben. Oder wir könnten immer wieder in unserem Zimmer vor Gott niederknien oder in der Prostratio vor ihm niederfallen. Wir werden dann erfahren, wie uns eine treu geübte Gebärde verändert, wie sie etwas in uns bewirkt, wie sie uns zu einer neuen Selbsterfahrung führt, und wie sie uns an Leib und Seele heilt. Sie richtet uns auf Gott hin aus, sie bringt unser ganzes Sein in Beziehung zu Gott und bringt uns so in die rechte Form. Sie macht uns richtig, ganz, heil.

Die heilende Wirkung der Gebetsgebärden zielt weniger auf einzelne Wunden und Verletzungen, weniger auf Lösung konkreter Probleme, sondern auf eine heilende Atmosphäre, in der dann auch die einzelnen Wunden nicht mehr so weh tun. Die Gebärden lassen das Heil Jesu Christi, das ja schon in uns ist, in unser Bewußtsein treten. Sie bringen uns mit der Erlösung Christi in

Berührung. Sie lassen Gottes heilende Liebe in alle Bereiche unseres Leibes und unserer Seele dringen. Und sie bringen uns in eine gesunde Form, in der dann auch die einzelnen Wunden ausheilen können und in der die konkreten Probleme ihre Dringlichkeit verlieren. In den Gebärden sind wir ganz und gar auf Gott hin ausgerichtet. Und in dieser Ausrichtung löst sich die Fixierung auf unsere Probleme. So können uns die Probleme nicht mehr beherrschen. In unserem Schauen auf Gott relativieren sie sich. Sie sind noch da, aber sie halten uns nicht mehr davon ab, uns auf Gott hin auszurichten und in dieser Ausrichtung in eine heilsame Form zu kommen, in der alles Unheile seine Macht über uns verliert. In den Gebetsgebärden erfahren wir uns mit Leib und Seele an Gott gebunden, und die Bindung an Gott löst uns von den vielen Fesseln, die uns sonst oft gefangen halten, die Fesseln unserer Verletzungen, die Fesseln der Erwartungen der andern und unseres eigenen Perfektionsstrebens. Und so werden wir in der Bindung an Gott frei und heil. Nur der auf Gott bezogene Mensch kann heil werden. Wenn wir uns immer wieder in unsere privaten Räume zurückziehen, in die Räume unserer Phantasie, in der wir uns heile Welten austräumen, Welten, in denen sich alles um uns dreht und in denen uns alles gelingt, dann werden wir in uns gespalten, in uns zerrissen. Bei uns selbst und bei vielen Menschen haben wir diese Gefahr beobachtet, sich in das Private zurückzuziehen, in Räume, in denen wir mit uns allein sind, zu denen auch Gott keinen Zutritt hat. Wir fliehen vor der Realität, die wir nicht annehmen wollen, in die Scheinwelt unserer Phantasie und unserer Träume. In den Gebetsgebärden öffnen wir alle Räume unseres Leibes und unserer Seele, die Räume des Bewußten und Unbewußten für Gott. Da darf Gott überall hineinsehen, da kann seine heilende Liebe auch überall hindringen und alles verwandeln.

In Jesus Christus ist Gott Mensch geworden. In ihm hat das Wort Gottes Fleisch angenommen. Gott hat sich in einem menschlichen Leib ausgedrückt. Im Fleisch ist Gottes Bild anschaubar geworden. In den Gebetsgebärden nehmen wir die Fleischwerdung Gottes ernst. Wir halten unsern Leib Gott hin, daß er auch uns sein Wort einpräge, damit sein Bild auch in uns sichtbar wird. Wir drücken unsere tiefsten Gefühle Gott gegenüber im Leib aus, unsere Liebe, unser Staunen, unsere Hoffnung, unsere Not, unser Vertrauen, unsere Angst, unsere Ohnmacht und unsere Sehnsucht. Nur so beten wir als ganze Menschen, wie es unserem Wesen entspricht. Und nur so kann Gottes Heil uns bis in die Wurzel unseres Seins erfassen. Wenn wir nur mit dem Kopf beten, entsteht in uns ein Zwiespalt zwischen unserm Geist und unserm Leib, zwischen den Gedanken und Gefühlen und den Haltungen unseres Leibes. Die Gedanken im Kopf verfliegen schnell wieder, sie erzielen keine dauernde Wirkung. Wenn unsere religiösen Gedanken und Gefühle jedoch leibhaft ausgedrückt werden, dann prägen sie sich tief in unser Bewußtsein ein, ja sie beeinflussen auch noch unser Unbewußtes. So bewirken die Gebetsgebärden eine dauernde Wandlung. Das Heil Gottes, das durch Tod und Auferstehung Jesu für uns schon gewirkt worden und nun in uns ist, kann durch die Gebetsgebärden in alle Bereiche unseres Seins dringen. So wie sich das Unheil im Leib manifestiert, so will auch das Heil im Leib sichtbar werden. In den Gebetsgebärden kann die heilende Liebe Gottes alles Starre und Tote, alles Kalte und Verhärtete in uns durchdringen und verwandeln. Im leibhaften Beten brechen wir alles in uns für Gott auf, wir öffnen unsere Sinne und unsern Geist für Gott, damit Gottes Geist uns in Berührung bringt mit dem Heil, das schon in unserem Innersten da ist, damit wir an Leib und Seele heil werden und ganz, lebendig und weit, frei und erlöst.

ANMERKUNGEN

[1] Vgl. C. Simonton, Wieder gesund werden. Eine Anleitung zur Aktivierung der Selbstheilkräfte für Krebspatienten und ihre Angehörigen, Reinbek 1982.
[2] Th. Dethlefsen, Krankheit als Weg. Deutung und Bedeutung der Krankheitsbilder, München 1983, 111.
[3] Ebd. 127.
[4] K.G. Dürckheim, Vom doppelten Ursprung des Menschen. Freiburg 1973, 171.
[5] Ebd. 171.
[6] Vgl. ebd. 169–172.
[7] Vgl. K.G. Dürckheim, Übung des Leibes – auf dem inneren Weg, München 1978, 5–10.
[8] Ebd. 6.
[9] Vgl. K.G. Dürckheim, Die heilende Wirkung der reinen Gebärde, in: Meditation in Religion und Psychotherapie, hrsg. v. W. Bitter, Stuttgart 1958, 169f.
[10] K.G. Dürckheim, Der Alltag als Übung, Bern ³1970, 52.
[11] Dürckheim, Die heilende Wirkung der reinen Gebärde, 186f.
[12] Vgl. Th. Ohm, Die Gebetsgebärden der Völker und das Christentum, Leiden 1948.
[13] Ebd. 163. Tertullian, De oratione 14. CSEL 20, I, 189.
[14] Ebd. 259f. Origines, Vom Gebet, XXXI, 2 CSCO 3, 396.
[15] Vgl. ebd. 256.
[16] Ebd. 270.
[17] Vgl. ebd. 273.
[18] Ebd. 275.
[19] Ebd. 297. Cyrill v. Jerusalem, Katech. XIII, 36 (PG 33, 816).
[20] Ebd. 343.
[21] Ebd. 342.

MÜNSTERSCHWARZACHER KLEINSCHRIFTEN
Schriften zum geistlichen Leben
ISSN 0171-6360
herausgegeben von Mönchen der Abtei Münsterschwarzach

1	A. Grün OSB, **Gebet und Selbsterkenntnis**	(1979) 56 S. DM 4,80
2	B. Doppelfeld OSB, **Der Weg zu seinem Zelt** Der Prolog der Regula Benedicti als Grundlage geistlicher Übungen	(1979) 64 S. DM 5,40
3	F. Ruppert OSB/A. Grün OSB, **Christus im Bruder**	(1979) 56 S. DM 4,80
4	P. Hugger OSB, **Meine Seele, preise den Herrn**	(1979) 84 S. DM 7,40
5	A. Louf OCSO, **Demut und Gehorsam**	(1979) 55 S. DM 4,80
6	A. Grün OSB, **Der Umgang mit dem Bösen**	(1980) 84 S. DM 7,40
7	A. Grün OSB, **Benedikt von Nursia – Seine Botschaft heute**	(1979) 60 S. DM 5,20
8	P. Hugger OSB, **Ein Psalmenlied dem Herrn** Teil 1: Möglichkeiten des heutigen Psalmengebets	(1980) 72 S. DM 6,80
9	P. Hugger OSB, **Ein Psalmenlied dem Herrn** Teil 2: Impulse zum christlichen Psalmengebet; Psalm 1 – 72	(1980) 80 S. DM 7,60
10	P. Hugger OSB, **Ein Psalmenlied dem Herrn** Teil 3: Impulse zum christlichen Psalmengebet; Psalm 73 – 150	(1980) 80 S. DM 7,60
11	A. Grün OSB, **Der Anspruch des Schweigens**	(1980) 72 S. DM 6,80
12	B. Schellenberger OCSO, **Einübung ins Spielen**	(1980) 52 S. DM 4,80
13	A. Grün OSB, **Lebensmitte als geistliche Aufgabe**	(1980) 60 S. DM 5,60
14	B. Doppelfeld OSB, **Höre, nimm an, erfülle** St. Benedikts Grundakkord geistlichen Lebens	(1981) 68 S. DM 6,80
15	E. Friedmann OSB, **Mönche mitten in der Welt**	(1981) 76 S. DM 7,40
16	A. Grün OSB, **Sehnsucht nach Gott**	(1982) 64 S. DM 6,40
17	F. Ruppert OSB/A. Grün OSB, **Bete und arbeite**	(1982) 80 S. DM 7,80
18	J. Lafrance, **Der Schrei des Gebetes**	(1983) 62 S. DM 6,40
19	A. Grün OSB, **Einreden,** Der Umgang mit den Gedanken	(1983) 78 S. DM 7,80
20	R.-N. Visseaux, **Beten nach dem Evangelium**	(1983) 68 S. DM 7,20
21	J. Main, **Meditieren mit den Vätern** Gebetsweise in der Tradition des J. Cassian	(1983) 56 S. DM 5,40
22	A. Grün OSB, **Auf dem Wege,** Zu einer Theologie des Wanderns	(1983) 72 S. DM 7,40
23	A. Grün OSB, **Fasten – Beten mit Leib und Seele**	(1984) 76 S. DM 7,60
24	G. Kreppold OFMCap, **Heilige – Modelle christlicher Selbstverwirklichung**	(1984) 80 S. DM 7,80
25	G. Kreppold OFMCap, **Die Bibel als Heilungsbuch**	(1985) 80 S. DM 7,80
26	A. Louf/M. Dufner, **Geistliche Vaterschaft**	(1984) 48 S. DM 5,20
27	B. Doppelfeld OSB, **Die Jünger sind wir** Das Leiden Jesu Christi, mit seinen Jüngern erlebt	(1985) 64 S. DM 6,80
28	M. W. Schmidt OSB, **Christus finden in den Menschen**	(1985) 44 S. DM 4,80
29	A. Grün OSB/M. Reepen OSB, **Heilendes Kirchenjahr**	(1985) 84 S. DM 7,80
30	F.-X. Durrwell, **Eucharistie – das österl. Sakrament**	(1985) 74 S. DM 7,40
31	B. Doppelfeld OSB, **Mission**	(1985) 60 S. DM 6,40

32	A. Grün OSB, **Glauben als Umdeuten**	(1986) 66 S. DM 6,80
33	A. Louf OCSO/A. Grün OSB **In brüderlicher Gmeinschaft leben**	(1986) 54 S. DM 5,60
34	C. de Bar, **Du hast Menschen an meinen Weg gestellt**	(1986) 54 S. DM 5,60
35	G. Kreppold, **Kranke Bäume — Kranke Seelen**	(1986) 87 S. DM 7,80
36	A. Grün OSB, **Einswerden — Der Weg des hl. Benedikt**	(1986) 80 S. DM 8,80
37	B. Community, **Regel für einen neuen Bruder**	(1986) 48 S. DM 5,20
38	B. Doppelfeld OSB, **Gemeinsam glauben**	(1986) 60 S. DM 6,40
39	A. Grün OSB, **Dimensionen des Glaubens**	(1987) 78 S. DM 8,40
40	B. Jaspert, **Benedikts Botschaft**	(1987) 60 S. DM 6,40
41	J. Domek OSB, **Gott führt uns hinaus ins Weite**	(1987) 68 S. DM 7,40
42	B. Doppelfeld OSB, **Sie sind ihm begegnet I**	(1987) 64 S. DM 7,60
43	B. Doppelfeld OSB, **Sie sind ihm begegnet II**	(1987) 64 S. DM 7,60
44	Anselm Grün OSB/Petra Reitz, **Marienfeste — Wegweiser zum Leben**	(1987) 80 S. DM 8,40
45	J. Domek OSB, **Segen, Quelle heilender Kraft**	(1988) 76 S. DM 8,20
46	Anselm Grün OSB/Michael Reepen OSB, **Gebetsgebärden**	(1988) 72 S. DM 7,80

Weitere Veröffentlichungen in dieser Reihe folgen.

VIER-TÜRME-VERLAG

D-8711 Münsterschwarzach Abtei (093 24) 20-2 92